# Die
# Lande Braunschweig und Hannover.

Ein Anhang zum deutschen Lesebu

von

Karl Hessel,

bearbeitet von August Schenkel.

Bonn 1910.
A. Marcus und E. Webers Verlag.

# Vorwort.

Gern folgte ich einer Anregung von Verfasser und Verleger des deutschen Lesebuches von Karl Hessel, einen Anhang für die Lande Braunschweig und Hannover zu schaffen.

Dieser Anhang ist nicht nur für die Mittelstufe gedacht, er soll auch nicht nur ein Lesebuch, sondern ein Heimatbuch sein, das unsere Schülerinnen nicht mit den anderen Büchern nach Verlassen der Schule bei Seite legen. Ich wollte ihnen unsere niedersächsischen Dichter Münchhausen, Löns, Sohnrey und Lulu von Strauß und Torney neben manchen anderen aus ihrem Heimatlande heraus zeigen in ihrer niedersächsischen Eigenart, ich wollte ihnen ferner das Volksleben zeigen und sie aus der Geschichte des Sachsenstammes mit Stolz erfüllen, ich wollte ihnen den Sachsen zeigen, wie ihn Hermann Lingg einmal geschildert hat:

Ernst ist mein Sinn und schlecht und recht;
Mein Bart ist gleich dem Flachse.
In Dün' und Wald blüht mein Geschlecht,
Daß übers Meer es wachse —
Ich bin der Sachse.

Harburg, November 1910.

**August Schenkel,**
**Oberlehrer an der städt. höh. Mädchenschule.**

Den vielen Freunden, die mein Lesebuch in Braunschweig und Hannover hat, genügten nicht die in den verschiedenen Bänden vorhandenen Schilderungen ihrer Heimatlande in Landschaft, Geschichte und Volksleben.

Ihnen bietet sich der vorliegende Anhang dar, nicht als eine auf Vollständigkeit Anspruch machende Heimatkunde, sondern zum Gebrauch beim deutschen Unterricht. Was sonst zu sagen ist, hat mein verehrter Kollege, Herr Oberlehrer Schenkel, ebenso knapp als treffend gesagt.

Sollten auch Knabenschulen an dem Anhang Gefallen finden und sich seiner bedienen wollen, so würde das unsern Wünschen entsprechen.

Koblenz, November 1910.

**Dr. Karl Hessel,**
Direktor der Hildaschule.

# Annette Freiin von Droste-Hülshoff.

## 1. Das Haus in der Heide.

Wie lauscht, vom Abendschein umzuckt,
Die strohgedeckte Hütte,
— Recht wie im Nest der Vogel duckt —
Aus dunkler Föhren Mitte.

Am Fensterloche streckt das Haupt
Die weißgestirnte Sterke,
Bläst in den Abendduft und schnaubt
Und stößt ans Holzgewerke.

Seitab ein Gärtchen, dornumhegt,
Mit reinlichem Gelände,
Wo matt ihr Haupt die Glocke trägt,
Aufrecht die Sonnenwende.

Und drinnen kniet ein stilles Kind,
Das scheint den Grund zu jäten,
Nun pflückt sie eine Lilie lind
Und wandelt längs den Beeten.

Am Horizonte Hirten, die
Im Heidekraut sich strecken
Und mit des Aves Melodie
Träumende Lüfte wecken.

Und von der Tenne ab und an
Schallt es wie Hammerschläge,
Der Hobel rauscht, es fällt der Span,
Und langsam knarrt die Säge.

Da hebt der Abendstern gemach
Sich aus den Föhrenzweigen,

Und grade ob der Hütte Dach
Scheint er sich mild zu neigen.

Es ist ein Bild, wie still und heiß
Es alte Meister hegten,
Kunstvolle Mönche, und mit Fleiß
Es auf den Goldgrund legten:

Der Zimmermann — die Hirten gleich
Mit ihrem frommen Liede —
Die Jungfrau mit dem Lilienzweig —
Und rings der Gottesfriede.

Des Sternes wunderlich Geleucht'
Aus zarten Wolkenfloren —
Ist etwa hier im Stall vielleicht
Christkindlein heut' geboren?

---

# Otto Ernst.

## 2. Die Elbe.

Eines Tages hieß es: Auf der Hörmannschen Werft weit unten an der Elbe darf man Späne sammeln, so viel man will, und sie nach Hause tragen. Dergleichen ließ sich die ökonomische Rebekka nicht zweimal sagen: Asmus und Alfred mußten sich mit Säcken auf den Weg machen, und das wieder einmal befreite Herz des Asmus Semper jauchzte hoch auf. Und auf diesem Wege hatte er ein Erlebnis, bei dem nicht das Geringste geschah, bei dem es nichts gab als ein stilles Fließen und ein stilles Anschauen, und das doch für alle Zeiten eins seiner größten Erlebnisse war. Zum erstenmal in seinem Leben sah er die Elbe.

Mehr denn neun Jahre lebte er auf diesem Erdenfleckchen und hatte die Lieblichkeit seiner Heimat zu tausendmalen erfahren; an diesem Tage empfand er zum erstenmal, daß es ein großes Ding um seine Heimat war. Zum erstenmal sah er den Strom, den Deutsche und Nichtdeutsche weniger kennen und besungen haben als den Rhein, weil er nicht so anmutig und heiter bewegt ist, wie der Rhein, weil er still und groß ist. Der Rhein ist des Deutschen offene, harmlose Fröhlichkeit, die Elbe ist seine sinnende, gedankentiefe Schwermut. Aber der Rhein fließt nur durch die westliche Seite Deutschlands — die Elbe strömt ihm mitten durchs Herz. Der Rhein in seiner Fülle ist Heiterkeit in Wirbel, Tanz und Sprung; die Elbe in ihrer Fülle ist Seligkeit in der Ruhe. Am Rhein klingt Gesang und Gläserklang; an der Elbe dreht eine Windmühle ihre Flügel ohne Laut, und der Strom trägt wiegende Nachen und lastende Schiffsriesen mit demselben großen Schweigen. In den Rhein schauen Felsen hinab und verfallene Burgen aus versunkenen Zeiten — an der Elbe rauschen leise die weiten Gärten königlicher Kaufherren, die geruhig lächelten, wenn man sie drinnen im Lande Krämer schalt, deren Muße so groß war wie ihre Geschäfte und deren Parks vor ungezählten Schloß- und Fürstengärten eines voraus haben: schwere, breitbeschwingte Poesie. Und fährst du die Windungen des Rheines hinab, so öffnen und schließen sich dir Bilder in neckischem Wechsel — die Elbe ist weiter und breiter als ein Auge sehen kann, und gegen ihren Ausgang verschwistern sich am Abend Himmel, Land und Strom in einem Glanz. Und die Elbe atmet. Lautlos hebt und senkt sich ihre breite Brust, und senkt sie sich, so steigen schweigende Inseln daraus hervor, silberne und grüne Inseln, Inseln der keuschen Seligkeit, auf denen weder Menschen noch Tiere wohnen können und deren silbernes Gras die Sonne vergoldet, und hebt sich die Brust, so versinken sie lautlos, wie sie erschienen. Und wenn sie versunken sind, so leuchten über ihrem Orte stille Feste des Schauens, die das Beste sind, was dem Menschen gegeben ist und die durch unsere Erinnerung ziehen wie in der Sonne zerfließende Schleier, so daß wir uns fragen: Wo war es doch, daß ich einst so glücklich war — wo war es doch?

Alfred erklärte seinem Bruder die jenseitigen Ufer: das sei hannöversches Land, dort liege Harburg, und die blauen

Höhen da hinten, das sei die Haake; in der Haake gebe es unendlich viel Heidelbeeren, und daher seien die Berge so blau, und dort liege Finkenwerder, und dort Cranz; aber Asmus hörte keinen Laut von alledem; er war gar nicht mehr da, er wohnte ja schon auf den silbernen Inseln. Er sah, er fühlte zum erstenmal den Lebensstrom seiner Heimat, und als sie gar durch den Hohlweg beim „Halben Mond" an den Strom hinuntergestiegen waren und als Asmus wohl eine Stunde lang im Ufersande gelegen hatte, da hatte er zum ersten Male an der Mutterbrust der Heimat gelegen und in vollen Zügen einen Trank in sich gesogen, der ihn an ihr Herz bannte in alle Ewigkeit.

---

## August Freudenthal.

### 3. Hermann Billung.

1.

Hei! war Euch das ein Jagen im Wald bei Stübeckshorn!
Scheu brach das Wild in Scharen durch Dickicht und durch Dorn;
Es folgt ihm auf dem Fuße der lustige Jägertroß,
Voran der Kaiser Otto auf stolzem Berberroß.

Da rauscht es in den Büschen, und mit gewaltigem Schritt
Hervor ein Sachsenjüngling, ein blonder Recke, tritt.
Auf der gebräunten Stirne der Zorn die Adern schwellt,
Und kühn dem Roß des Kaisers er in die Zügel fällt.

Der Kaiser mustert staunend die riesige Gestalt,
Die trotzig kühne Stirne, von goldnem Haar umwallt.
Dann färbt die blasse Wange ihm Zornesröte hell:
„Platz deinem Herrn und Kaiser, verwegener Gesell!"

Der schüttelt wie ein Löwe sein goldgelocktes Haar
Und blickt dem jungen Kaiser ins Auge fest und klar:
„So edel wie das deine, o Herr, ist mein Geschlecht,
Und nimmer darfst du beugen des freien Mannes Recht!

„Mein ist der Grund und Boden, den jetzt dein Roß zertrat,
Mein ist das Wild der Wälder, mein rings die goldne Saat!
Wer wider meinen Willen mir Forst und Flur durchjagt,
Und wär es selbst der Kaiser, Trotz jedem, der es wagt!

„Doch kehrst du, Herr, in Frieden als Fremdling bei mir ein,
So sollst dem Sachsen Billung du stets willkommen sein!
Ob er es gleich nicht duldet, daß man sein Recht ihm raubt,
Dem Gaste doch das Jagen mit Freuden er erlaubt!" —

Schon wird im Kreis der Ritter ein Zornesmurmeln laut:
„Auf, schlagt den Frechen nieder, der solches sich getraut!"
Da trifft ein Blick des Kaisers die aufgeregte Schar,
Und schnell verstummt im Kreise das Murmeln wunderbar.

Dann hat sich Otto lächelnd dem Sachsen zugewandt;
Er reicht vom Roß hernieder ihm seine Eisenhand:
„Du hast mirs angeboten, und topp! so soll es sein:
Es ladet sich der Kaiser bei dir zu Gaste ein!"

2.

Ist das ein festlich Treiben im Freihof Stübeckshorn!
Es fließt in vollen Strömen des Methes brauner Born;
Es wechseln Wild und Fische in leckerem Gemisch;
Sitzt doch der Deutschen Kaiser dort an des Billungs Tisch.

Er gastet schon seit Tagen mit seinen Mannen dort;
Doch Zwietracht gärt im Reiche, und heut noch muß er fort.
Und als das Mahl vorüber, und Meth und Wildpret schwand,
Da reicht dem Hermann Billung Herr Otto ernst die Hand.

„Du hast uns baß bewirtet mit Speise und mit Trank,
Drum soll auch heut dir werden ein kaiserlicher Dank;
Es schüttelt dir die Rechte, von Frost und Sturm gebräunt,
Der Deutschen Kaiser Otto und nennt dich seinen Freund!

„Doch wer, wie du, vor Fürsten sein freies Recht verficht,
Dem ziemt ein kleiner Freihof im Lande Sachsen nicht!
Den Mann, den längst ich suchte, hab ich in dir erkannt:
Dir geb ich heut zum Lehen mein ganzes Sachsenland!“

Hei! wie die seltne Kunde durch Hof und Halle flog!
„Hoch!“ scholl es, „Hermann Billung, der Sachsen Herzog hoch!“
Und aus des Jünglings Auge des Dankes Träne quillt,
Als jubelnd ihn die Mannen erheben auf den Schild.

Dann tritt der junge Herzog zu seinem Kaiser hin:
„Dir geb ich mich zum eigen als Freund mit Herz und Sinn!
Wie du und deine Väter will ich zu Sieg und Ruhm
Für meinen Kaiser führen sein treues Herzogtum!“

Da wird's dem stolzen Kaiser ums Herz so wohl und warm,
Und fest umschlingt den Sachsen sein kampfgewohnter Arm. —
Hei! wie die seltne Kunde durch Hof und Halle flog!
„Hoch,“ scholl es, „Kaiser Otto! Hoch Herzog Billung, hoch!“

## 4. Die Zerstörung von Bardowiek.

Als Kaiser Friedrich Barbarossa von seinem alten Waffengefährten Heinrich dem Löwen Hilfstruppen zu seinem Zuge nach Italien verlangte, verweigerte Heinrich, in richtiger Erkenntnis der verderblichen Folgen der fortgesetzten Römerzüge der deutschen Kaiser für des Reiches Gemeinwohl, dem Kaiser seine Unterstützung, und zwar selbst dann noch, als, wie die Sage berichtet, der Kaiser den Herzog fußfällig darum gebeten hatte. Nachdem Friedrich Barbarossa sodann mit dem Papst Alexander Frieden geschlossen, ließ er Heinrich den Löwen auf den Reichstag nach Worms entbieten, damit er sich wegen seiner Weigerung verantworte.

Herzog Heinrich aber kam nicht, wie er sich denn auch später weder in Magdeburg, noch in Goslar und Würzburg zur Verantwortung stellte.

Nun wurde er von den Fürsten in die Reichsacht erklärt und aller seiner Lehen entsetzt. Der Löwe erhob sich jetzt zu einem heroischen Verzweiflungskampf, mußte aber doch der großen Meute, die ihn von allen Seiten bedrängte und nach seinen Landen gierig die Tatzen ausstreckte, schließlich erliegen. Ihm blieb nichts anderes übrig, als sich in Erfurt der Gnade des Kaisers zu unterwerfen, der den Knieenden bewegt aufhob und mit Tränen im Antlitz in seine Arme schloß. Die braunschweigisch-lüneburgischen Erblande blieben dem Herzog erhalten, doch wurde er zur Buße auf drei Jahre aus Deutschland verwiesen und ging mit seiner Gattin und seinen Söhnen nach England zu seinem Schwiegervater König Heinrich II. Kaum aber hatte der Löwe den Rücken gewandt, da fielen seine ländergierigen Nachbarn auch über die braunschweigisch-lüneburgischen Erblande her und teilten sich in den Raub. Daraufhin kehrte Heinrich noch im selben Jahre aus England zurück und traf im Herbst in Stade ein. Der Erzbischof von Bremen schloß sich sofort ihm an, weil er nicht gut anders konnte, jubelnd aber öffneten die Holsten und Stormarn ihm das Land und erklärten, daß sie ihn mit Freuden unterstützen würden; die Festungen Hamburg, Plön und Itzehoe stellten sich sofort unter seine Obhut. Als Heinrich wieder festen Boden unter sich sah, ging er über die Elbe, um seine Erblande und das ganze Herzogtum Sachsen wieder zu erobern.

Die Stadt Bardowiek war zunächst von dem Angriff des Löwen bedroht, und sie wußte recht wohl, warum? Als Heinrich der Löwe in dem Kampf mit dem Kaiser und den Fürsten unterlegen war, hatte er flüchtend Schutz in seiner getreuen Stadt Bardowiek suchen wollen, allein aus Groll über die Förderung des Emporstrebens Lübecks hielten die Bürger vor ihrem Landesherrn, der doch auch so viel für das Aufblühen Bardowieks getan und nach einem verheerenden Brande die Stadt aufbauen geholfen hatte, die Tore verschlossen. Ergrimmt über diese Treulosigkeit zog Heinrich ab, mit der Drohung, daß er einst für solchen Undank Rache nehmen werde.

Als er jetzt, unterstützt von dem Anhang seiner holsteinischen Freunde, heranzog, schlossen die Bardowieker ihre Tore; sie fühlten sich immerhin hinter ihren Wällen stark genug, um sich verteidigen zu können, ja, als der Herzog die Belagerung begann, sollen sie sogar durch unanständige Gesten von den Stadtmauern den Zorn des Löwen aufs Äußerste entflammt haben. Er schloß die Stadt vollständig ein und vermaß sich hoch und teuer, nicht eher von dannen ziehen zu wollen, als bis er Bardowiek erobert, von Grund aus zerstört und die streitbare Mannschaft getötet haben würde. Die Bewohner der Stadt aber verteidigten sich tapfer und warfen auf die Schiffe der Feinde, welche sich auf der Ilmenau der Stadt zu nähern suchten, Steine und brennende Materialien, infolgedessen eine Annäherung unmöglich war. Zwei Tage lang dauerte der Ansturm der herzoglichen Truppen, ohne irgend einen nennenswerten Erfolg. Da verirrte sich, wie die Sage berichtet, ein Stier in das herzogliche Lager, der, durch die Krieger scheu gemacht, der Ilmenau zustürzte und durch den Fluß watete. Zu ihrer Überraschung sahen die Krieger, daß dem Tiere an jener Stelle das Wasser nur bis an den Leib ging. Hier ließ nun schleunigst Heinrich der Löwe seine Krieger auf Pferden übersetzen; die Mauern, welche an der Flußseite niedrig waren, wurden erstiegen, und die Bardowieker erlagen nach verzweifelter Gegenwehr. Das Blut floß in Strömen durch die Gassen, die Stadt wurde der Plünderung preisgegeben, Gebäude, Türme und Stadtmauern wurden geschleift und die Reste den Flammen überliefert. Die Zerstörung der Stadt erfolgte am Tage Simonis und Judä, den 28. Oktober 1189.

### 3. Wie es heute in Bardowiek aussieht.

Bis zu den ersten Häusern des breit vor uns liegenden Fleckens, dessen Ausdehnung von Norden nach Süden, von der Feldmark des Pfarrdorfs St. Dionys bis zu dem Stift St. Nicolaihof gerechnet, wohl eine Stunde betragen dürfte, hatten wir ungefähr zwanzig Minuten zu pilgern, und zwar durch bereits abgeerntete Felder und Gemüseländereien, die aber noch in ihrem jetzigen Zustande verrieten, welche Sorgfalt die Bewohner von Bardowiek dem Ackerbau widmen. Sollen doch ihre Eltern vor mehr als vierzig Jahren nur deswegen verhindert haben, daß der Bahnhf näher an den Ort gelegt wurde, weil sie fürchteten, ihre Äcker und Gemüsegärten könnten durch den Schienenweg und den Kohlendunst der Lokomotive Schaden erleiden. Heute würden sie allerdings, wie uns ein biederer Ortsbewohner mitteilte, viel darum geben, wenn sie den Bahnhof näher hätten. Außer dem Landbau ist auch der Beruf der Schiffahrt in Bardowiek beliebt; die Nachkommen der ehemaligen alten Handelsstadt haben immer noch einen gewissen Zug ins Weite behalten; mit ihren kleinen Everschiffen fahren sie die Erzeugnisse ihres Ackerbaues, sowie auch namentlich Kalk und Zement aus den Lüneburger Brüchen und Fabriken die Ilmenau und Elbe hinab nach Hamburg, wo ihre charakteristische Kleidung durch ihre schlichte Einfarbigkeit und eigengewebte Dauerhaftigkeit überall auf den Märkten und an den Kanälen dem Besucher auffallen muß. Namentlich an dem jetzt verschwundenen sogenannten „Kehrwieder", welcher den neuen Zollanschlußbauten hat weichen müssen, konnte man in früheren Jahren die Schiffe der Ilmenaufahrer zu Dutzenden liegen sehen, gefüllt mit den Schätzen ihres Gartenlandes, bestimmt, den alles verschlingenden Bauch der Großstadt zu füllen. Auch das ehemalige „Zippelhaus" der Bardowiecker in Hamburg, ein Lagerhaus für ihre Grünwaren, hat längst modernen Bauten weichen müssen.

Auf gutgepflegter Steinstraße mit breiten Fußwegen betreten wir jetzt den Ort und wandern zwischen freundlichen Gehöften dahin, deren Bauten zumeist den Eindruck wohltuender Sauberkeit machen und von der behäbigen Wohlhabenheit ihrer Bewohner ein erfreuliches Zeugnis ablegen. So sehr er das Ackerland zu schätzen weiß, liebt doch der Bardowieker, wie der Bewohner der Lüneburger Heide überhaupt, den freundlichen Eichhof, in welchem sein Heim traulich versteckt liegt. Niedersächsische Strohdachhäuser fanden wir indes nur noch wenig vor, und in der Nähe des Domes namentlich sahen wir verschiedene stattliche moderne Bauten, die zumeist den Zwecken des Kleinhandels und der Gastwirtschaft dienen. Endlich standen wir vor dem alten mächtigen Dom, dem Hauptziel unseres Ausfluges, über dessen südlichem Seiteneingange aus einer Nische uns das Wahrzeichen von Bardowiek, die aus Holz geschnitzte Figur eines Löwen mit der frisch vergoldeten Unterschrift LEONIS VESTIGIUM entgegenblickte und die Erinnerung an die tausendjährige Geschichte dieser Stätte aufs neue in uns wachrief.

## 6. Dat Stöhrkrüz bi Heidenhoff.

Dat hölten Krüz up de brune Heid,
Wat steiht dat so verlaaten
In dodenstille Eensamkeit
An sandverweihte Straaten? —

De ohle Scheper to'n Heidenhoff
De leeg nu in deepen Slape,
Am mehrsten betruert von sinen Hund
Un sine gedulligen Schape.

De ohle Stöhr, nu wär he dod;
Keen Köster, keen Paster wör kamen,
So as he lewde, so stille harr
Us Herrgott em to sick nahmen.

Un als se em bröchden na Soltau nut,
Tör ewigen Rauh em to drägen,
Da huul de Stormwind öwer de Heid,
Da pluster un plaster de Regen.

Un ümmer slimmer word Regen un Storm,
Heel göt dat mit Mollens herünner.
De Drägers stellden dat Sark ünnern Boom,
Un kröpen dar ok mit henünner.

De Een von de Drägers schüddel den Kopp,
Un stöhn un süchde so swaren:
„Wenn dat so blifft mit dat gräsige Wäer,
Geiht all min Heidkoorn verlaren!“

„Och“, seggt sin Naber, „dat holt nich vör,
Dat will sick woll bald wedder leggen!
Gott's Will un Gott's Wäer', so plegg ohl Stöhr,
De nu hier so still liggt, to seggen.“

Da roppt dat mit eenmal rut ut dat Sark,
De Drägers kriegt dat Beben:
„Gott's Will un Gott's Wäer, dat seggt he noch,
Gott help em to'n ewigen Leben!“

De Drägers kreegen en gräsigen Schreck;
So dull dat ok störmde un weihde,
Se leeten den Busch un dat Sark in'n Stich
Un löpen foort in de Heide. —

Bald leggt sick de Regen, bald swiggt de Storm —
De Drägers hefft sick besunnen
Un an de Like, as schaamden se sick,
So sachtens sick wedder funnen.

Se nöhmen den Deckel rünner von't Sark —
Da leeg in sin Dodenlinnen
De ohle Scheper so still un so stief
Keen Leben wör an em to finnen. —

Da steiht nu dat Krüz an den sannigen Weg,
Wo sick dat Wunner begeben;
Un dat „Gott's Will und Gott's Wäer, seggt Stöhr“
Is ewige Redensart bläben.

# Brüder Grimm.

## 7. Der Roßtrapp und der Kreetpfuhl.

Vor tausend und mehr Jahren, ehe noch die Raubritter die Hoymburg, Leuenburg, Steckelnburg und Winzenburg erbauten, war das Land rings um den Harz von Riesen bewohnt, die Heiden und Zauberer waren, Raub, Mord und Gewalttat übten. Sechzigjährige Eichen rissen sie samt den Wurzeln aus und fochten damit. Was sich entgegenstellte, wurde mit Keulen niedergeschlagen und die Weiber in Gefangenschaft fortgeschleppt, wo sie Tag und Nacht dienen mußten.

In dem Boheimer Walde hauste dazumal ein Riese, Bodo genannt. Alles war ihm untertan, nur Emma, die Königstochter vom Riesengebirge, die konnte er nicht zu seiner Liebe zwingen. Stärke und List halfen ihm nichts, denn sie stand mit einem mächtigen Geiste im Bund. Einst aber ersah sie Bodo jagend auf der Schneekoppe und sattelte sogleich seinen Zelter, der meilenlange Fluren im Augenblick übersprang, er schwur, Emma zu fahen oder zu sterben. Fast hätte er sie erreicht, als sie ihn aber zwei Meilen weit von sich erblickte und an den Torflügeln eines zerstörten Städtleins, welche er im Schild führte, erkannte, da schwenkte sie schnell das Roß. Und von ihren Sporen getrieben, flog es über Berge, Klippen und Wälder durch Thüringen in das Gebirge des Harzes. Oft hörte sie einige Meilen hinter sich das schnaubende Roß Bodos und jagte dann den nimmermüden Zelter zu neuen Sprüngen auf. Jetzt stand ihr Roß verschnaufend auf dem furchtbaren Fels, der Teufels Tanzplatz heißt. Angstvoll blickte Emma in die Tiefe, denn mehr als tausend Fuß ging senkrecht die Felsenmauer herab zum Abgrund. Tief rauschte der Strom unten und kreiste in furchtbaren Wirbeln. Der entgegenstehende Fels schien noch entfernter und kaum Raum zu haben für einen Vorderfuß des Rosses. Von neuem hörte sie Bodos Roß schnauben, in der Angst rief sie die Geister ihrer Väter zu Hilfe, und ohne Besinnung drückte sie ihrem Zelter die ellenlangen Sporen in die Seite. Und das Roß sprang über den Abgrund, glücklich auf die spitze Klippe und schlug seinen Hüf vier Fuß tief in das harte Gestein, daß die Funken stoben. Das ist jener Roßtrapp. Die Zeit hat die Vertiefung kleiner gemacht, aber kein Regen kann sie ganz verwischen. Emma war gerettet, aber die zentnerschwere, goldene Königskrone fiel während des Sprunges von ihrem Haupt in die Tiefe. Bodo, in blinder Hetze nachsetzend, stürzte in den Strudel und gab dem Fluß den Namen. Hier als schwarzer Hund bewacht er die goldene Krone der Riesentochter, daß kein Golddurstiger sie heraushole.

---

# Friedrich Günther.

## 8. Wie die Bauern Kloster Walkenried zerstörten.

Als die aufständischen honsteinschen Bauern, denen entgegenzutreten den Grafen von Honstein, den Schirmvögten des Stifts, die Macht fehlte, im Mai 1525 auch gegen Walkenried heranzogen, flüchteten die Mönche mit dem größten Teil ihrer Wertsachen und Urkunden nach Nordhausen und Goslar. Mit wildem Jubel zogen die Bauern in das verlassene Kloster ein, fanden in jeder Tür den Schlüssel stecken, durcheilten plündernd alle Räume, zerschlugen Fenster, Öfen, Bilder und andere Gegenstände, streuten Urkunden und Manuskripte den Pferden unter und warfen die Bücher als Schrittsteine in den Schmutz. Da sie in den Kellern und Vorratshäusern große Vorräte an Wein und Bier, an Brot und Fleisch, an Erbsen und anderen Lebensmitteln vorfanden, so nahmen sie im Kloster für längere Zeit Quartier und bemühten sich, alle diese Vorräte aufzuzehren. Die große Braupfanne benutzten sie dabei als Kochgeschirr.

Im Wein- und Freiheitsrausche legte die zügellose Horde nach Verwüstung der Klosterräume ihre Hand auch an die Kirche und kirchliche Gegenstände. Im Kreuzgange stand ein kunstvolles Metallbecken, welches der Klosterbruder und Hüttenmeister Almante 1218 gegossen hatte. Vergebens versuchten sie es mit Hammer und Eisen zu zerschlagen, ihre Kraft reichte kaum hin, einige Beulen hineinzutreiben. Da schleppten sie es mit großer Mühe auf den Platz zwischen Kirche und Keller, um es hier in einem mächtigen Holzfeuer zu zerschmelzen. Aber das Metall wollte zu ihrem Verdruß im offenen Feuer nicht zerfließen. Nun machten sie sich daran, die große Turmglocke zu zerstören. Sie läuteten dieselbe unaufhörlich auf das heftigste, aber dennoch wollte sie nicht springen. Da machte einer von ihnen, ein Zimmermann, den Vorschlag, das Gebälk des Turmes unten rings herum einzusägen und zu durchhauen und dann den ganzen Turm samt der Glocke mittels angelegter Seile herunterzureißen. Mit Freudengeheul ging die Rotte auf diesen Vorschlag ein, beauftragte jenen Zimmermann mit der Ausführung desselben und versprach, seine Frau und seine Kinder mit einigen Goldgulden zu entschädigen, falls er bei diesem Werke der Zerstörung seinen Tod finden sollte. Der böse Ratgeber befestigte eine Anzahl starker Seile an dem Turme und verband den Turmknopf mittels einer Kette mit einem in der Nähe stehenden uralten Lindenbaume. Während nun die Bauern diesen umzuhauen begannen, hieb jener Zimmermann die unteren Zapfen der hölzernen Turmsäulen ab. Jetzt senkte sich der Baum, hundert Hände erfaßten die Seile, und krachend stürzte der Turm hernieder. Die Glocke zersprang in viele Stücke, und der Anstifter lag mit gebrochenem Halse am Boden.

## 9. Ein Bild aus dem dreißigjährigen Kriege.

Der Gesang in der St. Salvatoriskirche zu Zellerfeld war verstummt, der Pastor Cuppius hatte die Kanzel betreten, und die Gemeinde lauschte andächtig den Worten des beliebten Predigers. Heute mußte er seine Stimme mächtiger erheben, denn Pferdegetrappel, Waffengeklirr, Geschrei drang vom nahen Marktplatze und von den die Kirche begrenzenden

Straßen lauter als gewöhnlich herein. Plötzlich aber ertönte die Sturmglocke auf dem Rathause, die Kirchtüren wurden aufgerissen, und die Bürger stürzten hinaus, um das Gesangbuch mit der Waffe zu vertauschen. „Ach, daß es Gott erbarme, daß es soweit mit uns soll kommen sein!" So schloß der Prediger seine kaum angefangene Predigt, betete das Vaterunser und sprach den Segen über die wenigen noch Zurückgebliebenen.

Auf dem Markte sammelte sich Militär und Bürgerschaft. Vom Heiligenstocke war die Nachricht eingetroffen, ein starkes Heer und der gefürchtete Tilly selber an der Spitze desselben nähere sich dem Passe. Und die Nachricht war richtig; Herzog Georg hatte den General um Schutz für den grubenhagenschen Harz angerufen, und dieser hatte sich schleunigst aus seinem Winterquartier in Bockenem aufgemacht, Zellerfeld und seine Besatzung zu züchtigen. — Der Stadthauptmann Merten, die Stadtfahne in der Hand, den Berg-Offiziantendegen mit schwarzer Scheide und schwarzem Gehänge an der Seite, ordnete mit Hilfe des Unterbergmeisters Rebentisch seine Scharen. Sie hatten nicht Zeit gefunden, ihren Sonntagsschmuck abzulegen, und konnten sich in demselben neben den Soldaten wohl sehen lassen. Aber auch an kriegerischem Mute standen sie ihnen keineswegs nach. Muß der Bergmann doch täglich dem Tode ins Auge schauen! Hat er doch oft mit Feinden zu kämpfen, aus deren Händen ihm nur die größte Geistesgegenwart und der unerschrockenste Mut helfen kann, mit Schwaden und bösen Wettern, mit unterirdischen Wassern und zusammenbrechendem Gestein! Hat er mit seinen Kameraden und seinem Steiger in der Zechenstube gesungen und gebetet:

„Des Abgrunds Nachtgebilde
Sind mir nicht fürchterlich,
Mich deckt mit sicherm Schilde
Mein Gott und stärket mich.
Er bleibet bei mir immer,
Er ist's, der mich noch sieht,

Wenn auch des Tages Schimmer
Sich meinem Blick entzieht.

Bin ich in tiefen Gründen
Von Menschenhilfe fern,
Sein Arm wird mich da finden,
Er hilft und rettet gern.
Im Sinken und im Steigen
Bewahrt er meinen Fuß,
Daß jedem Unfall weichen,
Zum Glück mir dienen muß,"

dann steigt er kühn mit dem flackernden Grubenlicht die schwankende „Fahrt" hinab. An Mut auch im Schlachtgetümmel fehlt es dem Harzer wahrlich nicht. Und der Arm, der das Fäustel gegen das widerspenstige Gestein so erfolgreich zu schwingen versteht, der weiß auch das Haupt des Feindes mit gewaltiger Wucht zu treffen.

Der Geschworne Merten brauchte seine Bergleute nicht erst zu Tapferkeit und Ausdauer zu ermahnen, das zornig blitzende Auge der bleichen Männer sagte es ihm zur Genüge, daß sie entschlossen waren, Haus und Hof, Weib und Kind zu schützen und zu verteidigen, koste es, was es wolle. Noch wußten sie nicht, was zu tun war, denn die Befehlshaber waren noch nicht zurück aus dem Kriegsrate, der zu Klausthal gehalten wurde. Jetzt kamen sie den Zellbach herunter gesprengt, der Major Mütschefahl und der Zehntner Diegell, der vor kurzem mit den Truppen von Goslar zurückgekehrt war. Sie brachten die böse Nachricht: Der Feind hat die Feldwache am Heiligenstock bereits überwältigt, der Paß ist in seinen Händen, in einer halben Stunde kann er hier sein, an Widerstand ist nicht mehr zu denken. — Das war mehr, als man gefürchtet hatte. Lautes Wehklagen erhob sich auf den Straßen. Aber bei Mertens Männern überwog der Zorn die Furcht. Mütschefahl wurde mit Bitten bestürmt, die Verteidigung nicht aufzugeben, man wolle treu zu ihm stehen bis zum letzten Blutstropfen. Aber schon trabte Schulze mit seinen Dragonern von Klausthal herein, Graf Solms schloß sich ihm an, und fort ging's in wilder Flucht die Goslarsche Straße hinauf gen Goslar. Nun kam auch Hollstein mit der Infanterie von Klausthal, und Mütschefahl, der anfangs zu schwanken schien, vereinigte sich mit ihm zu feiger Flucht.

Hatte darum die Bürgerschaft die harte Einquartierungslast so lange getragen, um nun, da die Gefahr wirklich herantrat, von ihren berufenen Verteidigern schmählich im Stich gelassen zu werden! Mancher Fluch wurde den abziehenden Soldaten und Beamten nachgeschickt, manche Faust drohend hinter ihnen geschüttelt. Was nun? Man war sofort einig, die Stadt nicht zu übergeben. Wie nutzlos und gefährlich der Widerstand in offener Stadt gegen ein ganzes Heer war, daran dachte jetzt niemand. Willig befolgte man die Befehle Mertens, gebot den jammernden Weibern, sich und die Kinder im Hause zu bergen, und besetzte die Grenze am Zellbach.

Inzwischen war Tilly bereits in Klausthal angekommen. Wenn sich dessen Bewohner unter dem gewaltigen Kriegsfürsten, dessen bloßer Name genügt hatte, sie von ihren Bedrängern zu befreien und diese in eilige Flucht zu schlagen, einen jugendlich kräftigen, ritterlichen Helden in kriegerischer Kleidung auf hohem Roß vorgestellt hatten, so mochten sie sich bei seinem Anblick sehr enttäuscht sehen. Der 67 jährige Greis ritt seinem Heere voran auf einem kleinen weißen Klepper, an dessen Sattel ein einziges kleines Pistol hing. Ein schmales Degengehänge trug ein gewaltig großes Schlachtschwert. Von dem kleinen, vierkrempigen Hute nickte eine rote Feder bis auf des Reiters Oberschenkel herab. Über dem kurzen Wämschen von grünem Atlas mit Schlitzärmeln und dem Beinkleide aus gleichem oder ähnlichem Stoffe mochte er heute einen Reitermantel tragen. — Auf dem Markte hielt er an und nahm die Begrüßung des Rats entgegen. Durch denselben ließ er dann der Bürgerschaft bekanntmachen, es solle jeder Klausthaler Einwohner an Hut oder Mütze grüne Hecke (einen Tannenzweig) als Erkennungszeichen tragen, damit niemand für einen Zellerfelder gehalten und mißhandelt oder erschossen würde.

Nach Zellerfeld schickte er sofort einen Trompeter, welcher die Stadt zur Übergabe auffordern sollte. Daß sämtliches Militär dieselbe bereits verlassen hatte, wußten die Klausthaler nicht. Die Zellerfelder Bürger, mit den Kriegsgebräuchen unbekannt, erschossen den Parlamentär, ehe er seine Botschaft ausrichten konnte. Als Tilly diese Nachricht erhielt, ließ er sofort angreifen. Aber so tapfer die Kaiserlichen vorgingen, so heftig war der Widerstand der Bürger. Doch die Zahl der Feinde ward immer größer, denn Tilly, erzürnt darüber, daß „eine Handvoll zusammengelaufenen Volks sich erdreiste, ihm die Spitze zu bieten", ließ immer neue Scharen ins Gefecht eintreten. Der Unterbergmeister Rebentisch war gleich zu Anfang des Kampfes gefallen. Seine des Führers beraubte Schar mußte bald ihre Stellung am Straßeneingange der Bremerhöhe gegenüber aufgeben und sich in die Stadt selbst zurückziehen. Auch für Merten blieb nichts anderes übrig. Er sammelte die Zersprengten von neuem, und weiter tobte der Kampf von Haus zu Haus, von Straße zu Straße. In das Geschrei der Kämpfenden und das Gestöhn der Verwundeten mischte sich das Jammergeheul der Weiber und Kinder, wenn der Gatte und Vater oft vor seinem eigenen Hause zu Boden geschlagen wurde. Es war ein Kampf der Verzweiflung, ohne alle Aussicht auf Erfolg. Schritt für Schritt wichen die Bürger zurück. Bald hatten die Kaiserlichen den Marktplatz mit dem Blockhause inne, und weiter ging's in das Innere der Stadt. Wütender und immer zahlreicher drangen sie vor, erbarmungslos schlugen sie viele Verwundete zu Tode und schossen selbst auf Weiber, die Verwundete in das Haus zu schleppen versuchten. Jetzt kämpfte Thomas Merten mit dem letzten Rest seines Haufens beim Schützenhause am anderen Ende der Stadt. Vierzehn Schüsse hatte der tapfere Mann erhalten; er achtete ihrer nicht und hielt noch immer seine Fahne hoch. Endlich aber wankten seine Kniee, und der Arm erlahmte. Erschöpft vom starken Blutverlust, wickelte er sich in sein zerfetztes Fahnentuch und stürzte besinnungslos im Garten beim Schützenhause zu Boden. Da war der Widerstand gebrochen. Die Kriegsleute fanden den Stadthauptmann und schlugen ihn in seiner Fahne vollends tot. „Er hat sie nicht gelassen, bis er erschlagen war.“ Darum bleibt auch das Andenken dieses Helden im Grubenzeuge, so nutzlos und tollkühn sein Unternehmen war, bei den Harzern in Ehren. Tilly soll den Tod des Mannes, als ihm seine außerordentliche Tapferkeit gemeldet wurde, lebhaft bedauert haben, weil er ihn gern in seinen Dienst genommen hätte. Am anderen Tage ließ er ihn mit kriegerischen Ehren begraben.

Die Fahne wird noch jetzt im Rathause zu Zellerfeld aufbewahrt. Auf der schweren, roten, gleichsam in Streifen zerhauenen Seide ist noch das Blut Mertens zu erkennen.

## 10. Die Holzfäller.

Bekleidet mit einem vielfach geflickten, aber frischgewaschenen Kittel aus ungebleichtem Drell und ebensolchen Beinkleidern, auf dem Kopfe eine grüne Tuchmütze mit Seitenklappen, an den Füßen derbe Schuhe unter dicken Gamaschen, auf der Schulter die scharfen Äxte und auf dem Rücken die große Waldsäge, so ziehen am Montag morgen ganze Scharen von Waldarbeitern gemessenen Schrittes durch die Straßen der Bergstadt. Sie haben den Sonntag bei ihrer Familie in Lerbach, Riefensbeek, Buntenbock, Lonau oder Sieber verlebt und wollen nun wieder die am Sonnabend unterbrochene Arbeit aufnehmen. Ihre Frauen, welche ihnen bis zur Stadt das Geleit gegeben und ihnen den aus einem nicht enthaarten Kalbfelle kunstlos gefertigten Ranzen in der Kiepe getragen haben, in dem sie außer Pulverhorn und Eisenkeil, Lebensmittel auf eine ganze Woche mit sich führen, nehmen Abschied, und schwerer noch bepackt als zuvor setzt der Waldarbeiter seinen Marsch fort, der oft noch mehrere Stunden in Anspruch nimmt. In seinem ruhigen Schritte vermag ihn auch der jetzt leise niedertröpfelnde Regen nicht zu beirren: er schlägt nur die alte Pferdedecke, welche ihm im Walde als Bettdecke zu dienen bestimmt ist, als Regenmantel um sich und seine blanken, neu geschärften Werkzeuge.

Suchen wir am anderen Tage die Holzfäller auf ihrer Arbeitsstätte auf, so schallen uns schon von weitem, noch ehe wir die Lichtung durch die Bäume erblicken können, die wuchtigen Schläge des Fäustels, welche den spaltenden Keil (Fimmel) eintreiben, die dröhnend auf das Holz niederfallenden Axthiebe, der taktmäßige Strich der breiten Säge, das Kreischen des Sägeschärfens und das Krachen der stürzenden Waldriesen entgegen. Von der anderen Seite der Hauung hallt Schuß auf Schuß dumpf herüber, dort werden die Stuken, die anders nicht zu bewältigen sind, mit Pulver aus der Erde gesprengt.

Jetzt treten wir auf den „Hai" und sehen die Verwüstung, welche die Waldarbeiter unter den stattlichen Bäumen anrichten, in der Nähe. Hier sind zwei Arbeiter beschäftigt, eine Fichte etwa $^3/_4$ m über dem Boden abzuschneiden; dort wird ein gefällter Baum gleichfalls mit der Säge in meterlange „Enden" zerstückt, und daneben werden diese mit Fimmel und Fäustel in Klüfte gespalten, nachdem mit der Axt die Äste abgehauen sind. Diese werden zu „Wasen" (Wellen) gebunden und die Klüfte in Meterbänke gelegt. Dort stehen schon ganze Reihen derselben, längere und kürzere. Andere Stämme werden nicht zerstückt, sie sollen als Schacht- oder als Bau- und Nutzholz Verwendung finden. — Die Stukenroder, denen der schwerere Teil der Arbeit zufällt, sind einen Hai weiter zurück. Dort ist das Scheit- und Knüppelholz schon zum größten Teil abgefahren, und an seiner Stelle stehen bereits viele geschickt aufgemeterte Stukenbänke.

An jenem vor dem Winde etwas geschützten Rande der Hauung, da, wo das Feuer qualmt, steht die Bucht oder Köte der Waldarbeiter, mit deren Erbauung die Arbeit auf dem Hai begonnen hat. Viel Kunst und Mühe hat sie nicht erfordert: junge, armdicke Fichten sind in Kreisform in den Boden geschlagen, oben zu einem Kegel zusammengebogen, außen mit großen Stücken Baumrinde bekleidet und innen in den Zwischenräumen mit Moos verstopft. Eine niedrige, verschließbare Öffnung dient als Tür und Fenster. In der Mitte der Bucht sind Steine zu einem Feuerherd zusammengelegt, und rings um denselben herum, dicht an der Außenwand, sind breite, niedrige Bänke angebracht. Mit Tannenhecke, Heidekraut und einigen Moossäcken überdeckt, dienen sie besonders als Schlafstätten. — Hier um das knackende und prasselnde Feuer, dessen Rauch vergeblich zu entweichen sich bemüht, lagern sich am Abend die ermüdeten Arbeiter, bereiten sich ihre beliebte Scheibensuppe und schließen ihr Mahl mit einem Stück Brot nebst Wurst und einem Schluck Branntwein. Dann wird das Feuer von neuem geschürt, die Tür verschlossen, und bald verkünden nur noch die Atemzüge der Schlafenden, daß die Waldeinsamkeit nicht völlig ausgestorben ist.

## 11. Die Fahrt in die Grube.

Glückauf! mein Ruf hinab in den Schacht.
Glückauf! mein Wunsch in Bergesnacht.
Glückauf! mein Gruß dem Sonnenlicht.
Glückauf! mein Trost, wenn's Auge bricht!

Der Wächter hat seinen letzten Rundgang durch die Stadt gemacht und den Anbruch des Tages nach guter Väterweise mit dem Gesang angekündigt:

Hört, ihr Herren, und laßt euch sagen:
Die Glock' hat vier geschlagen.
Der Tag vertreibt die finstere Nacht;
Ihr lieben Christen, seid munter und wacht
Und lobet Gott den Herrn!

Doch bevor er sein mächtiges Kupferhorn, das schon manches Jahrhundert hindurch die Diebe geschreckt und die Schläfer geweckt hat, nach Hause trägt, ersteigt er den

Turm, ergreift den Strang der Anläuteglocke und ruft durch ihre helle Stimme den Bergmann zur Arbeit.

Schon ist er fahrbereit. Er hat seinen Kaffee in Eile getrunken, seinen Speisebedarf (Brot, ein „Einschteckel-Wirschtel“ und ein Schnapsfläschchen) im Busenraum des Grubenkittels untergebracht und nimmt nun Abschied von seinem Weibe und seinen schlafenden Kindern. Die Glocke klingt noch fort in den stillen Morgen hinein, da ist's schon lebendig auf allen „Anfahrwegen“, den hübsch mit ‚Greiple“ (Gräupchen, Kies) bestreuten Fußwegen, welche, sich vielfach kreuzend und vereinigend, von allen Seiten der Stadt nach den Gruben führen. Auch in der Dämmerung kann der Fuß nicht irren, denn der unter ihm knirschende Schwerspat hebt sich schimmernd weiß von der grünen Wiese ab. Und wenn der erste Schnee fällt, dann wird jeder Anfahrweg mit Wegweisern versehen. Als solche dienen Tannenstangen, welche in Entfernung von etwa je zehn Schritten zur rechten Hand in den Boden geschlagen werden. Aber beschwerlich und gefährlich ist doch in mancher Winternacht, wenn der Schneesturm wütet und ganze Berge auftürmt, der Weg zur Grube.

Ernst und still eilen die schwarzen Gesellen ihrer Arbeitsstätte zu. Es ist Montag morgen, deshalb versammelt sich die ganze Belegschaft, welche die Frühschicht hat, in der Zechenstube zum Gebet. Der „Vorbeter“, ein alter würdiger Bergmann, hat bereits die Gesänge an die schwarze Tafel geschrieben, oben vor einem durch den ganzen Raum reichenden Tische Platz genommen und auf seinem Pulte die Postille aufgeschlagen. Bald füllt sich der Betsaal mit Bergleuten und Steigern, jetzt tritt auch der Obersteiger ein, und der Gesang beginnt. Der Vorbeter vertritt dabei die Stelle des Vorsängers und hält dabei den Schlußton jeder Verszeile kräftig aus trotz dem besten Dorfkantor alter Schule. Ist der Gesang, der niemals ein Berg-, sondern entweder ein allgemeines Dank- und Loblied ist, oder sich auf das Evangelium des vorhergehenden Sonntags bezieht, zu Ende, so verliest der Vorbeter dieses würdig und feierlich und schließt daran die in der Postille vorgeschriebene Predigt. Ein Schlußvers und das Vaterunser beenden die Feier, und der Vorbeter entläßt die Versammlung mit den im Harzdialekt gesprochenen Worten: „Un nunt laßt uns in Gottes Namen anfahre! Glückauf!“

Von dem Bethause oder der Zechenstube gehen die Bergleute in den nahen Geipel (das Wort ist eine Nebenform zu Göpel, und dieses wahrscheinlich verderbt aus Hebel; es bezeichnet ursprünglich das zum Heben der Erze dienende Treibwerk, dann das über diesem errichtete Gebäude), zünden dort ihr Grubenlicht an, und von den Zurückbleibenden mit dem Wunsche: „Es gieh Eich wull!“ (Es geh' Euch wohl!) begrüßt, verschwindet einer nach dem andern in dem Fahrschacht. Wie Sterne, die nach und nach erblassen und dann völlig verschwinden, leuchten eine Zeitlang noch die Grubenlichter aus der Tiefe herauf, dann erfüllt rabenschwarze Nacht den Fahrschacht bergestief.

## Hermann Guthe.

### 12. Die Weser von Münden bis Hameln.

Gewöhnlich nimmt man an, die Weser erhalte ihren Namen erst bei Münden, wo sie aus Werra und Fulda zusammenfließe. Es ist dies ein großer Irrtum, denn man weiß aus sprachlichen Gründen, daß das Wort Weser nur die plattdeutsche Form für die oberdeutsche Form Werra ist, und daß beides soviel wie Weststrom bedeutet. In den älteren Zeiten gingen die beiden Namen nebeneinander her, und wenn wir in einem Chronisten lesen, daß Holzminden an der Werra liege, so schreibt ein anderer vielleicht von Witzenhausen an der Weser. Erst in der neueren Zeit hat sich der Sprachgebrauch dahin entschieden, daß man bei Münden, wo der Fluß in der Fulda seinen ersten größeren Nebenfluß erhält, die Grenze ansetzt.

Münden ist ein uralter, bis in die Zeit der Karolinger hinaufreichender Ort, ein natürlicher Stapelplatz für den Schiffsverkehr auf Weser und Werra. Die Bewohner des Ortes verstanden es, die Vorteile ihrer Lage auszubeuten, indem sie sich von den Herzögen das Privilegium des Stapelrechtes und Einlagerungsrechtes erteilen ließen, wonach alle von Münden auf- und abwärts gehenden Waren nur durch Mündener Schiffer befördert werden durften und jede die Stadt passierende Ware in derselben drei Tage lang zu freiem Verkaufe ausgeboten werden mußte. Dies Vorrecht ist nun längst erloschen, und die Schiffahrt auf der Oberweser besagt auch nicht viel mehr. Der Fluß hat zuviel untiefe Stellen, und seine Wassermasse ist im Sommer oft so niedrig, daß dadurch der Schiffahrt große Hindernisse bereitet werden. Gegen Ausgang des Mittelalters war Münden die Residenz der Herzöge von Göttingen und Calenberg, nachdem die Göttinger Bürger das in ihrer Stadt belegene herzogliche Schloß zerstört hatten; hier wohnte namentlich in dem Schlosse, welches noch jetzt einigermaßen erhalten ist, die unvergeßliche Herzogin Elisabeth, deren treues Sorgen um die Verbreitung der Reformation im Andenken steht.

Bei Bodenfelde wendet sich der Fluß durch die Ausläufer des Sollings abgelenkt, westwärts bis Karlshafen, einer kleinen, freundlichen hessischen Stadt, die im Anfange des vorigen Jahrhunderts gegründet wurde, um die für Kassel und das hessische Hinterland bestimmten Waren in Empfang zu nehmen und auf Landwegen weiter zu spedieren und so das Stapelrecht Mündens zu umgehen. Das benachbarte Dorf Herstelle erinnert an den Sachsenkrieg Karls des Großen, der hier nach Zerstörung der Irminsul bei Marsberg ein Heerlager hatte.

Von Karlshafen ab beginnt der malerischste Teil des Weserlaufes. Auf der linken Seite des Flusses erstreckt sich bis zum Fuße des Eggegebirges eine weitgedehnte Hochebene, auf der sich nur wenige bedeutendere vereinzelte

Gipfel erheben, so z. B. der Köterberg, ein viel besuchter Aussichtspunkt zwischen Holzminden und Schwalenberg.

Aber diese Hochebene fällt überall steil mit felsigen Wänden zum Flusse hinab, so daß noch im Anfange dieses Jahrhunderts es an der linken Seite desselben keine ununterbrochene Fahrstraße gab, die erst jetzt, zum Teil mit Hilfe großartiger Felssprengungen und Untermauerungen hergestellt ist.

Auf der östlichen Seite wölbt sich allerdings die Kuppel des Sollinges flacher empor; aber am Nordende dieses Gebirges tritt der Vogler, ein kleines Gebirge, welches wie ein Keil das Dreieck zwischen Solling und Ith auf der Strecke zwischen Bevern und Holzminden ausfüllt, ebenfalls mit steilen Felsabstürzen an den Fluß heran, der mit vielen fast in sich zurücklaufenden Windungen seine Gewässer brausend durch die so gebildete enge Gasse wälzt. Es ist mehr als wahrscheinlich, daß hier einst der Felsrücken ununterbrochen war und den Fluß dahinter zum See aufstaute, und daß dieser dann, in unablässiger Arbeit die weicheren Schichten des Gesteines aufsuchend, sich allmählich diese Gasse grub, an deren Ausweitung und Vertiefung er noch bei jeder Frühlingsflut arbeitet, indem er die Felsmassen im Grunde des Stromes, die bei Niedrigwasser der Schiffahrt sehr gefährlich sind, sowie die Ufer des Stromes bearbeitet. Infolge von Unterwaschungen erfolgen dann bisweilen bedeutende Bergabstürze. Bei der Enge des Flußbettes werden die Hochwasser den Ansiedelungen oft sehr gefährlich, und namentlich hat Bodenwerder oft schwer darunter gelitten.

Von Ortschaften nennen wir auf dieser Strecke zunächst das Städtchen Höxter mit dem benachbarten Corvey, beide zur Provinz Westfalen gehörig. Corvey ist eine uralte Klosterstiftung aus den Zeiten Ludwigs des Frommen, so benannt nach dem Mutterkloster Corbie im nördlichen Frankreich, dessen hierher zur Bekehrung der Sachsen ausgesandte Mönche sich zuerst im Solling, dann an dieser fruchtbaren Stelle niederließen. Corvey war in jenen Zeiten die größte Missionsanstalt für den skandinavischen Norden und ist erst später von Bremen in dieser Tätigkeit abgelöst. Sein Güterbesitz war ein sehr bedeutender, sein Abt ein Fürst des Deutschen Reiches. Seit dem Jahre 1803 ist es eine preußische Standesherrschaft. Dann folgt die braunschweigische Stadt Holzminden. Hier überschreitet die Bahn zwischen Braunschweig und Paderborn die Weser. Beim Beginn der oben geschilderten Engen der Weser liegt der Flecken Polle, malerisch unter der Ruine des gleichnamigen Schlosses gelegen. Er gehört, von fremdem Gebiete umgeben, schon zu Calenberg.

Zwischen Bodenwerder und Grohnde wendet sich die Weser nach Nordwest, um dann von Rinteln ganz westlich nach Vlotho zu fließen. Damit wird zugleich ihr Tal weiter. Auch hier bildete der Fluß, ehe der Felsdamm an der Porta Westfalica durchsägt war, einen See, dessen aus feinstem Schutt gebildeter Boden jetzt eine immer grüne, lachende Wiesen- und Feldflur ist, hinter welcher zu beiden Seiten sich malerische Berghöhen erheben.

Das ist besonders am östlichen Ufer der Fall, wo der Große und der Kleine Süntel an einigen Stellen Felsabstürze zeigen. So besonders schön am Hohenstein im Nordwesten von Hessisch-Oldendorf, ferner an der Paschenburg und am schönsten an den Luhdener Klippen zwischen Rinteln und Bückeburg. Einen neuen Reiz erhält der Bergzug des Kleinen Süntel noch dadurch, daß sein Rücken durch tiefe Einschnitte in eine Reihe einzelner Berggruppen zerfällt, welche mit den einförmig verlaufenden Rücken der benachbarten Bergzüge einen schönen Gegensatz bilden.

Hameln ist der Hauptort des eben geschilderten Talbeckens. Die Stadt liegt am Fuße des Klütberges, der mit dem ihm gegenüberliegenden Ohrberge ein Tor bildet, durch welches die Straße nach Pyrmont und Detmold führt. Auf der östlichen Seite des Flusses, auf der die Stadt selber liegt, erstreckt sich zwischen den Ausläufern des Ith und des Süntel eine fruchtbare Talebene bis nach Springe, welche der Heerstraße nach Hannover und Elze die Bahn gewiesen hat und von einer Eisenbahn durchzogen ist. Einen besonderen Reiz gewährt der Gegend die kühne Brücke, welche hier die Ufer des Stromes verbindet. Ein großes Wehr im Flusse, an welchem man jetzt, seitdem eine Anstalt für künstliche Fischzucht eingerichtet ist, wieder mit großem Gewinne Lachsfang treibt, ist der Schiffahrt hinderlich; seine Schleuse ist indessen in neuerer Zeit umgebaut. Hameln war bis 1806 eine Festung; Napoleon ließ die Festungswerke zerstören. Die Weserschiffahrt und der daran sich knüpfende Handel (Ausfuhr von Leinwand), sowie mehrere Fabriken unterhalten ein reges Leben.

---

# Ludwig Häusser.

## 13. Vom schwarzen Herzog.

Friedrich Wilhelm, der Sohn des unglücklichen Herzogs, dem der Tag von Auerstädt Leben und Krone entriß, zählte zu den rührigsten Gegnern der Bonaparte'schen Herrschaft. Und er war kein zu verachtender Gegner. Ein tapferer, verwegener Soldat, im rüstigen Mannesalter von 38 Jahren. Auch äußerlich eine stattliche kriegerische Erscheinung, dabei von schlichtem schmucklosen Wesen, verstand er es sehr gut, Männer gleicher Art an sich heranzuziehen. In seinem schlichten schwarzen Waffenrock, seiner tuchenen Feldmütze, den einfachen Säbel umgeschnallt, stand er unter seinen Leuten doch gebietend und allverehrt da; denn er teilte die Mühen und Entbehrungen des letzten Soldaten und machte ihn durch sein Beispiel fähig zu den schwersten Dingen. Der Herzog beschloß vorerst zwei Jägerbataillone, ein Husarenregiment, eine Abteilung reitender Artillerie mit vier Geschützen, zwei Schwadronen Ulanen und eine Kompagnie Scharfschützen zu errichten. Ein einfacher schwarzer Waffenrock mit blauen Aufschlägen, das Lederzeug von gleicher

Farbe und der schwarze Tschako, den ein dunkler Federbusch und ein weißer Totenkopf schmückte, gab dem Freikorps ein zugleich ernstes und bedeutsames Aussehen, das zu dem Namen „Legion der Rache" wohl paßte.

## 14. Die Erstürmung von Halberstadt.

Halberstadt war noch von alter Zeit her befestigt; die Mauer war in gutem Stande und hatte außer mehreren Türmen eine mit Schießscharten versehene Brustwehr. Auf die erste Nachricht vom Anmarsch der Schwarzen ließ Meyronnet die Eingänge in die Stadt verrammeln, Tore und Mauern besetzen; ein paar Kompagnien wurden auf der Quedlinburger Straße den Braunschweigern entgegengeschickt. Aber diese drängten schon heran und trieben die vorgeschobene Abteilung in die Stadt zurück; es fehlte nicht viel, so wären sie mit ihnen eingedrungen. Der Herzog ordnete seine Leute zum Angriff; die nach Magdeburg und Braunschweig führenden Ausgänge wurden nur beobachtet, gegen das Kühlinger und Harsleber Tor setzten sich zwei Sturmkolonnen, die letztere vom Herzog, die andere von Korfes geführt, in Bewegung.

Zwei Kompagnien unter Hauptmann Rabiel wurden gegen das Johannistor kommandiert. Ohne Säumen begann der Sturm; die Schwarzen drangen mit Todesverachtung vor, aber von den Mauern und Türmen wütete ein Feuer, das ihre Reihen gewaltig lichtete. Die Bedienung des Geschützes namentlich hatte stark gelitten. Nach wiederholtem Mißlingen gelang es endlich dem Major Korfes, der mit den Leutnants Platz und Genderer das Geschütz bedienen half, das Kühlinger Tor einzuschießen; sogleich warfen sich die Jäger in die Bresche, räumten die Barrikaden weg und stürmten mit dem Rufe „Sieg oder Tod" in die Stadt hinein.

Am Harsleber Tor ward gleich hartnäckig gefochten und die Barrikaden in Brand gesteckt, indes Rabiel nach einem verzweifelten und verlustvollen Kampfe eine Nebenpforte am Johannistor mit Äxten aufhauen ließ und in die Stadt drang. Mitten im dichtesten Gewühle war auch der Herzog. Die Nacht war angebrochen, als sich die Schwarzen so von zwei Seiten her Bahn gebrochen hatten in die Stadt. Eine Abteilung der Westfalen, als Reserve aufgestellt, sah sich jetzt von zwei Seiten her angegriffen und streckte die Waffen. Aber die anderen waren nicht gemeint, sich so leichten Kaufes hinzugeben. Es begann ein wilder Kampf in den Straßen und Häusern, ein Kampf der Einzelnen gegen Einzelne, oder auch gegen die sich wieder sammelnden Massen. Ein paar westfälische Kompagnien namentlich leisteten hartnäckigen Widerstand; nur nach empfindlichem Verlust wurden sie von Straße zu Straße gedrängt und erst gezwungen die Waffen zu strecken, als die Braunschweiger sie mit Kartätschen beschossen und den Oberst Meyronnet selbst verwegen aus der Mitte herausgeholt hatten.

Bis zwei Uhr in der Nacht dauerte der heftigste Kampf, ja ein Haufen von einigen hundert Mann, der sich in einem großen Gebäude verschanzt, hielt sich bis zum anderen Morgen und streckte auch da erst auf Meyronnets Aufforderung die Waffen, als die Braunschweiger drohten, das Haus in Brand zu schießen. Aber der Sieg der schwarzen Schar war vollständig. Nur ungefähr hundert Mann von dem westfälischen Regiment waren entronnen, ihre Toten und Verwundeten schlugen die Sieger auf mehr als 600 Mann an, die Gefangenen auf 2000 Mann und 80 Offiziere.

## 15. Das Gefecht bei Ölper.

Am 30. Juli brach der Herzog gegen Wolfenbüttel und Braunschweig auf. Nach dreijähriger Verbannung sah er sein Stammland und seine Hauptstadt wieder. Das Volk vergaß der fremden Dränger und ihrer drohenden Rache; die Erinnerung an die gute alte Zeit lebte mit aller Frische wieder auf. In begeistertem Jubel ward der Sohn und Erbe Karl Wilhelm Ferdinands empfangen. „Ich bin sein

Sohn," sagte er selber in einem Aufruf an die Braunschweiger, „ich fühle, welche Verpflichtungen mir dieser Name auferlegt, und ich tue vor Gott und der Welt das feierliche Gelübde, seiner wert zu sein, Euer Freund und Wohltäter zu werden, wie er es war." Gegen zweihundert Männer aus der Stadt Braunschweig schlossen sich der Freischar an. Die feindlichen Gefangenen hatte der Herzog schon vorher heimgeschickt, soweit sie nicht Dienste bei ihm nahmen; nur die Offiziere behielt er noch bei sich.

Am Tage nach der Ankunft in Braunschweig erhielt der Herzog die Nachricht, daß der Feind im Begriff sei, ihn von zwei Seiten zu umzingeln. Das Korps Reubels war von seinem fruchtlosen Streifzug an die hannoversche Küste zurückgerufen worden, um den Herzog abzuschneiden; es stand nur noch wenige Stunden von Braunschweig entfernt. Zugleich eilte von Süden die Division Gratien herbei, um die Schwarzen im Rücken zu fassen. „Der Herzog von Öls," hatte Jerome drei Tage vorher an Thielmann geschrieben, „darf uns nicht entwischen." Es war also nicht zu säumen, wenn man der Gefahr entgehen wollte, von zwei überlegenen Korps erdrückt zu werden. Noch am Mittag (1. August) brach der Herzog aus seiner Hauptstadt auf, um Reubel anzugreifen.

Eine halbe Stunde von Braunschweig, beim Dorfe Ölper, das die Schwarzen besetzt, erfolgte der erste Zusammenstoß; der Herzog räumte freiwillig das Dorf und sammelte vor demselben seine Mannschaft. Ein Angriff Reubels auf diese Stellung fand entschlossenen Widerstand; die Westfalen werden zurückgedrängt; einen Augenblick drohen die Braunschweiger, sie aus dem Dorfe zu vertreiben.

Aber dem Herzog selbst wird das Pferd unterm Leibe erschossen; er stürzt zu Boden, während eine feindliche Kugel zugleich den tapferen Rabiel niederstreckt. Zum Glück fehlte es dem westfälischen Führer an der Fähigkeit und dem Mute, diesen kritischen Augenblick zu nutzen und den weichenden Gegnern eine Niederlage zu bereiten; das Gefecht wurde wieder zum Stehen gebracht. An einzelnen Stellen drangen die Schwarzen von neuem vor und fochten tapfer fort, bis die Nacht den Kampf unterbrach. Freilich die Lage war bedenklich. Der doppelt überlegene Feind konnte am anderen Morgen den Angriff vielleicht mit besserem Erfolg erneuern, indessen Gratien herankam und die Niederlage der umzingelten Truppen vollendete. Schon dachte der Herzog, sich durch einen nächtlichen Überfall Reubels Luft zu machen, als die überraschende Botschaft kam, daß der entmutigte Gegner Ölper geräumt habe und über die Ocker zurückgewichen sei. Damit war das Schlimmste abgewendet.

## 16. Der Abmarsch nach der Nordsee.

Noch war nach den Nachrichten, die eintrafen, der Weg nach der Nordsee offen, die Wesermündung frei und auf die Schiffe zur Überfahrt zu zählen. So brach die Schar am Morgen des 2. August nach Hannover auf. Einzelne Detachements feindlicher Truppen, Kanonen und Kriegsvorräte wurden auf dem Wege genommen; Reubel wagte erst, sich nach Braunschweig zurückzuwenden, als das schwarze Korps sich schon der Weser näherte. Durch eine stattliche Anzahl Fuhren unterstützt und gut verpflegt, auch fast überall, wo sie hinkam, mit Gastfreundschaft aufgenommen, legte die Truppe ohne Erschöpfung die weite Strecke bis zur Weser rasch zurück. Am 4. August hatte sie den Fluß bei Nienburg erreicht und brach am nämlichen Tage gegen Hoya auf.

Jetzt kam auch der Feind heran. Um ihn irre zu leiten über die Richtung des Marsches, entsandte der Herzog den unerschrockenen Korfes mit sechzig Husaren, ebenso viel Jägern und 2 Geschützen nach Bremen, indessen der Rest des Korps ungestört nach Delmenhorst und Elsfleth aufbrach. Hier und in Brake fand dann (7. August) die Einschiffung statt. Die Pferde der Reiter mußten zurückbleiben und wurden von Juden um Spottpreise erstanden; was von Fahrzeugen da war, reichte kaum hin, die Mannschaft zu fassen. Nicht ohne Gefahren, aber doch im Ganzen unversehrt, gewann die tapfere Schar die hohe See; eine dänische Abteilung, dieselbe, die sich in Stralsund hatte brauchen lassen, gegen Schill den Todesstoß zu führen, war nach Bremerlehe geeilt und beschoß von dort die Schiffe der Braunschweiger, aber ohne ihnen Schaden zu tun.

---

# Anhang.

## 17. Volkslied vom schwarzen Herzog.

Herzog Öls, der tapfre Held,
Der führte seine Scharen in das Feld,
Dazu die Haubitzen und Kanonen.
O, wären die Welschen nie geboren!
Wir Schwarzen, wir rufen Hurrah, Hurrah,
Ganz mutig stehn wir da.

Ganz schwarz sind wir montiert,
Mit Hellblau ausstaffiert,
Und am Tschako, da tragen wir den Totenkopf,
Wir haben verloren unsern Herzog.

Bei Quatrebras, da fiel ein Schuß,
Der traf unsern Herzog in die Brust,
Da haben wir den Herzog verloren,
O, wären die Welschen nie geboren!

Als wir zogen in Braunschweig ein,
Da fingen viele Tausend an zu wein'n:
Unsern Herzog, den haben wir verloren,
O, wären wir Schwarzen nie geboren!

Und wer das Lied erdacht?
Das haben zwei Schwarze gemacht,
Dazu zwei junge Rekruten,
Die sahn unsern Herzog verbluten.

---

# Henniger und v. Harten.

## 18. Die Gründung Goslars.

Bei dem Orte Bargdorf am nördlichen Fuße des Rammelsberges hatte Herzog Heinrich von Sachsen, ein Freund der Jagd und des Vogelsanges, sich ein Jagdhaus errichten lassen. Seine Pfalz Werla auf dem Kreuzberge bei Burgdorf an der Ocker lag nur wenige Stunden von diesem Jagdhause entfernt. Hier soll es auch gewesen sein, wo ihn die Gesandten des Reichs suchten, als er im Jahre 919 zum König der Deutschen gewählt worden war.

Als die wilden Horden der Ungarn die vaterländischen Gaue verheerten, schloß sich König Heinrich, zur offenen Feldschlacht zu schwach, notgedrungen in die Burg Werla ein und lieferte von diesem festen Bollwerk aus dem grimmen Feinde kleine Gefechte. Dabei gelang es ihm, den Häuptling der Ungarn, Zoltan mit Namen, hier im nahen „Steinfelde" gefangen zu nehmen und durch dessen Freilassung einen neunjährigen Waffenstillstand herbeizuführen. Während dieses Waffenstillstandes wurde König Heinrich I. der „Städtegründer". Mit großer Eile ließ er im Reiche feste Plätze anlegen, vor allem in seinem sächsischen Erblande. So entstanden die Anfänge der Städte Meißen, Merseburg, Quedlinburg und Nordhausen. Auch dort, wo sein Jagdschloß am rauschenden Gosebach lag, ließ er drei Ortschaften: Bargdorf, Warsleb und Sudburg, vermittelst Wall und Graben zu einer Stadt vereinen. Die neue Gründung aber ward Goslar, d. h. Lager an der Gose, genannt.

Unter Kaiser Otto I. erlangte die junge Stadt ganz unerwartet große Vorteile und eine ansehnliche Vermehrung ihrer Einwohner durch die Entdeckung der Erzadern des Rammelsberges. Wie die Sage erzählt, sandte Kaiser Otto, der gern auf der Harzburg weilte, einst seinen Jäger Ramm aus, ihm ein Wildbret zu erjagen. Es war aber zur Winterszeit, und als Ramm an den steilen Rammelsberg kam, den damals noch dichter Urwald bedeckte, konnte er zu Pferde nur langsam vorwärts kommen. Er wäre aber gern einer frischen Wildspur gefolgt, die den Berg weiter hinanführte. Deshalb band er sein Pferd an einen Baum und setzte die Jagd zu Fuß fort.

Das mutige und einsam zurückgelassene Roß wurde aber bald des Wartens überdrüssig, und voll Ungeduld fing es an, mit den Vorderfüßen Moos und Erde wegzuscharren. Wie staunte der Jäger, als er nach einigen Stunden zurückkehrte! Sein Pferd hatte einen schönen Erzgang bloßgelegt, und glückverheißend blinkten ihm die reichen Silberstufen entgegen.

Die Nachricht von diesem Funde war die schönste und beste Jagdbeute, die Ramm seinem Herrn bringen konnte. Kaiser Otto, hocherfreut ob dieses ungeahnten Reichtums des Harzes, schenkte dem Entdecker eine goldene Kette im Werte von 1000 Dukaten, und um seinen Namen für alle Zeiten zu ehren, gab er dem Berge den Namen Rammelsberg.

Ramm, von Geburt aus Franke, zog aus seiner Heimat des Bergbaues kundige Landsleute zum Betriebe des Rammelsberger Bergwerks nach Goslar, die sich auf dem nach ihnen benannten Frankenberge ansiedelten. Es wurde nun der Bergbau mit Eifer und Geschick betrieben. Bald wurden aus dem gewonnenen Silber Münzen geschlagen, die man nach dem Namen des Kaisers Ottolinen oder Ottolien nannte.

Die Anlage des Rammelsberger Bergwerks war für Goslar von großer Bedeutung. Die Erträge der königlichen Domänen wurden nun nicht mehr in die Speicher von Werla, sondern in Goslar abgeliefert: hier entwickelte sich der Marktverkehr, der Handel. — Das Ansehen der Pfalz Werla sank, Goslar dagegen erblühte im Morgenglanz seiner Entstehung.

## 19. Die Hildesheimer Jungfer.

Auf den Hildesheimschen Fahnen und Stadtwappen steht die Hildesheimsche Jungfer mit einem Kranze in der Hand. — So lange die Feinde der festen Stadt sich vergeblich an den starken Wällen und Mauern die Zähne ausbissen, trug die Jungfer ihren Kranz stolz auf dem Kopfe; als aber die Stadt einst in Feindeshand fiel, da fiel auch der Jungfer der Kranz vom Kopfe in die Hand. —

Die Hildesheimsche Jungfer hat aber wirklich einmal vor uralten Zeiten gelebt. Sie war ein sehr reiches und schönes Edelfräulein, welches die Fürsten und Grafen in der Umgegend gar gern zur Frau gehabt hätten. Die schöne Hildesheimerin wurde aber nicht durch die Pracht und den Reichtum der hohen Herrschaften gelockt, sondern verlobte sich heimlich mit einem schönen und braven jungen Ritter, der bei einem der Fürsten, welche die Jungfer gern haben wollten, in Diensten stand. Da hätte es nun dem Ritter schlimm gehen können, wenn der Fürst gemerkt hätte, daß sein Dienstmann der Jungfer lieber war als er. Darum mußten die Liebenden ihre Zusammenkünfte ganz heimlich in dem großen, dunkeln Hildesheimer Walde halten, der damals noch bis dicht an die Stadt ging.

Eines Tages ging das Fräulein wieder in den Wald und suchte die große Linde auf, unter welcher der Bräutigam tagtäglich saß und auf sie wartete. Doch der Mensch denkt, und Gott lenkt! Sie war noch nicht bei dem Baume angekommen, als es pechrabenschwarz heraufzog und ein Sturmwetter losbrach, als ob der böse Feind sein Wesen triebe. Als nun die halb zu Tode geängstigte und durchnäßte Jungfer endlich bei dem Baume ankam, da zeigte ihr ein heller Blitz ihren Ritter, wie er kalt und leblos auf dem grünen, feuchten Moose lag, — ein Blitz hatte ihn getroffen. Nun stelle sich einer den Schmerz der Jungfer vor! Sie weinte und schrie, zerraufte ihr schönes Haar und lief wie irrsinnig immer tiefer in den düstern Wald hinein.

Einen ganzen Tag mochte sie so umhergelaufen sein, als sie ermattet unter einem wilden Rosenbusche niedersank und einschlief. Da erschien ihr im Busche die heilige Mutter Gottes, die Rosen ringsumher wurden zu ebenso viel kleinen Engelsköpfen und sahen aus ihren hellen Augen so lieblich und tröstlich auf die Schmerzensjungfrau, daß es ihr tief in das wunde Herz drang und sie himmlischen Trostes voll erwachte. Gestärkt suchte sie nun den Rückweg nach der Vaterstadt: aber da war kein Weg zu sehen, keine menschliche Stimme zu hören, nur das Geheul der Bären und Wölfe antwortete auf ihr Klagen. „Verlasse mich nicht, heilige Mutter Gottes, in dieser Not“, rief die todmüde Jungfer, „ich will auch all mein Gut und Leben Gott geloben!“

Kaum hatte sie dieses Gelübde getan, als sie in weiter Ferne eine Glocke hörte, die rief ihr zu: „Kehre wieder! Kehre wieder! Kehre wieder!“ Da lief die Jungfer, Gott dankend, den heiligen Tönen entgegen, und je weiter sie vorwärts drang, desto deutlicher hörte sie die Glocke, bis sie aus dem dunkeln Walde kam und die schönen Felder und Gärten der Stadt zu ihren Füßen lagen. Da war es gerade acht Uhr abends, doch das Fräulein mochte mehrere Tage im Walde umhergelaufen sein.

Die so wunderbar gerettete Jungfrau hielt pünktlich, was sie gelobt hatte. Sie beschenkte Kirchen und Klöster reichlich; vor allem aber bedachte sie ihre liebe Vaterstadt und schenkte den Bürgern den ganzen Hildesheimer Wald. — Der Festungsturm, auf dem die rettende Abendglocke hing, heißt seitdem und bis auf den heutigen Tag der „Kehrwieder“. Die Glocke selbst aber ward geweiht und in dem St. Lambertikirchturm aufgehängt.

Damit nun die Glocke künftig auch anderen verirrten Wanderern recht von Nutzen sein könnte, so machte es die verständige Jungfrau fest, daß sie in den kurzen Tagen von Michaelis bis Ostern eine ganze Stunde und zwar abends von 8 bis 9 geläutet werden sollte. Auch machte sie ein Vermächtnis, aus welchem dem Läuter jährlich ein Schuh und ein Taler bezahlt ward.

Als aber vor nun 100 Jahren die fremden Völker ins Stift kamen, die Klöster aufhoben und nichts achteten, wenn es auch viele hundert Jahre bestanden hatte, da befahl der König Hieronymus, daß die Jungferglocke nicht mehr geläutet werden sollte. Zwar wurde sie nach der Franzosenzeit wieder jeden Abend in den Wintermonaten geläutet, aber die Läutezeit wurde allmählich auf 10 bis 5 Minuten gekürzt, bis endlich der schöne Brauch ganz aufhörte. —

Die Jungfer hat ihre Vaterstadt noch immer recht lieb, und wenn einmal, was Gott verhüten möge, der Feind kommt und die Stadt beschießt, so stellt sich die Jungfer auf den „Kehrwieder-Wall" und fängt die Kugeln in ihrer Schürze auf. So hat sie es im dreißigjährigen Kriege gemacht, sonst wäre weder Stumpf noch Stiel von der Stadt geblieben.

## 20. Der wilde Jäger im Solling.

Um Mitternacht, wenn der Regen niederprasselt und der Sturmwind auf den Höhen des Moosberges heult, im Frühling und Herbst zumal und zur Zeit der heiligen Zwölfe, dann rast der wilde Jäger mit seinem Troß durch die Berge und Schluchten des Sollings.

Das Rauschen der Zweige, das Bellen der Hunde, das Gestampf der hageren Pferde zeigen sein Kommen an. Schauerlich tönt schon von weitem sein gellender Jagdruf. „Hopp hue! Kliff klaff! Hopp hue! Kliff klaff!" Der Sollingsbewohner kennt den wilden Weidgesellen und verschließt sorgfältig Türen und Fenster. Doch wehe, wenn du als einsamer Wanderer noch kein schützendes Obdach erreichtest! Du bist verloren, wenn du wagst, dem Gewaltigen in den Weg zu treten! Verbirg dich, so schnell du kannst, oder wirf dich still zu Boden, damit seine beiden großen Hunde mit ihren glühenden Augen dich nicht erspähen! Zähnefletschend stürzen sie heran; jetzt ducken sie sich nieder, zum Sprung bereit. Kalter Angstschweiß überläuft dich; du wähnst, im nächsten Augenblick nicht mehr unter den Lebenden zu sein. Da — ein lautes „Hopp hue!" — ein gellender Pfiff, und sie eilen zu ihrem Herrn zurück, um weiter mit ihm zu rasen durch Dickicht und Dorn.

Du bist befreit, stehst aber noch im Banne der letzten Augenblicke, die du nie wieder herbeiwünschst. Aus der Ferne vernimmst du noch den schaurigen Nachhall der wilden Jagd. Mächtige Hirsche und leichtfüßige Rehe, dazu plumpe Wildschweine sind beim Erscheinen des Jägers aus dem Schlummer gescheucht. Auch die Vogelwelt ist erwacht, und die Eule läßt ihr unheimliches „Schuhu" ertönen. Der ganze Solling ist in Aufregung und besänftigt sich erst wieder, wenn die Glocke auf dem fernen Kirchturm das Ende der Geisterstunde verkündet. Plötzliche Stille tritt ein. Hirsche, Rehe und Wildschweine strecken sich schlafend unter den Tannen. Kein Vogelruf läßt sich mehr hören. Alles liegt wieder in tiefer Ruhe. Das ist der nächtliche Jagdritt des wilden Sollingjägers. —

Die Heimat dieses unheimlichen Weidgesellen ist ein einsames Forsthaus am Eingang des Sollings, Grimmerfeld mit Namen. Dort wohnte vor langen Jahren ein Förster, Hackelberg genannt, ein großer stattlicher Mann mit langem, rotem Vollbart. Seine Ehe war kinderlos; deshalb lebte er nur mit seinem Weibe, seinem Wilde und seinem Walde. Er liebte die Einsamkeit. Selten sah man ihn mit Menschen sprechen. Nur zur Jagdzeit empfing er viele Weidmänner von weither, um mit ihnen des edlen Weidwerks im wildreichen Solling zu pflegen.

So hatte er einst wieder eine große Treibjagd veranstaltet und viele Jäger dazu eingeladen. Am Morgen der Jagd aber erschien der Förster mit finsterem, mürrischen Gesicht. Selbst das herrliche Wetter und die zahlreiche Jagdgesellschaft vermochten nicht, seine Züge zu erheitern. Was war die Ursache? Sein Weib, das er so innig liebte und so hoch verehrte, hatte einen bösen Traum gehabt: Ein wilder Eber würde mit seinen gewaltigen Hauern ihren Mann derart verletzen, daß er davon sterben müßte. Tränenden Auges hatte sie ihn daher gebeten, der Jagd doch fern zu bleiben. Weibertränen aber konnte er nicht widerstehen, und so blieb er — wenn auch ungern — daheim.

Mit reicher Beute kehrten die Jäger am Abend zum Forsthause zurück. Neben kapitalen Hirschen brachten sie einen mächtigen Eber mit, einen Eber, so groß und schwer, wie ihn noch keiner der Anwesenden gesehen hatte. Die Frau des Försters freute sich und gedachte ihres Traumes. Auch der Förster erinnerte sich ihrer Furcht; er ging auf den toten Eber zu, nahm dessen Kopf in beide Hände, hob ihn auf und sprach: „Du bist es also, der mich töten wollte, und nun bist du selber getötet!" Dann ließ er den schweren Kopf wieder zur Erde sinken. Aber o weh! — Die langen Zähne haben im Niederfallen die Beine des starken Weidmanns verletzt. Das Blut sickert durch Strümpfe und Hose. Ein sofort angelegter Notverband hält den Blutstrom nicht auf. Der Traum erfüllt sich jetzt doch noch, — der Förster muß langsam verbluten.

Eine Bitte und einen Wunsch richtet der Sterbende, nachdem er sein liebes Weib seinen Genossen empfohlen hat, noch an die Umstehenden: Man möge seinen Leib nicht hier begraben, sondern ihn auf einen Wagen legen und seinen Schimmel davor spannen; wo dieser zum ersten Male raste, da möge man ihn bestatten. Sein Geist aber solle jagen, ewig jagen auf seinem Schimmel, begleitet von seinen beiden Lieblingshunden solle er in jeder Nacht den ganzen Solling durchstreifen!

Seine Freunde versprachen, ihm die Bitte zu erfüllen. Dann starb er. Die Leiche wurde auf den Wagen gelegt; der Schimmel nahm seinen Weg über einen Berg, der heute noch Hackelberg heißt, dann wandte sich das Pferd nach Norden und hielt am Moosberg zum ersten Male an. Dort wurde der Leichnam des wilden Jägers, wie er von nun an genannt wurde, mitten in der Wildnis begraben.

Sein Geist aber jagt seitdem allnächtlich zur Geisterstunde im Solling ziellos umher. Willst du ihn hören, so geh nur um Mitternacht in den düsteren Wald. Bald vernimmst du das Rauschen der Zweige, das Bellen der Hunde und den schauerlich gellenden Jagdruf: „Hopp hue! Kliff, klaff! Hopp hue! Kliff klaff!"

---

# Hermann Löns.

## 21. Jürn.

Auf dem braunen Heidkopfe zwischen den krüppligen Fichten und Machangeln tauchen graue Flecke auf, vermehren sich, vergrößern sich, ziehen sich auseinander und fließen zusammen.

Zwischen ihnen, vor ihnen, hinter ihnen, bald hier, bald da, ist ein weißer und ein schwarzer Fleck; oben auf dem Heidekopfe, höher als die Fichtenklumpen und die Machangelbüsche, taucht ein dunkler Fleck auf.

Das ist Jürn, der Schnuckenschäfer vom Dieshofe; das weiße und das schwarze Ding, das sind Schimmel und Wasser, seine Hunde; das graue Gewimmel sind die Schnucken.

Fünfhundert sind es im Ganzen mit den Lämmern; sie sind Jürns Stolz, Jürns Leben, Jürns Welt. Weit und breit ist keine Schnuckenherde, die auch nur halb so groß ist, wie die vom Dieshofe. Der Papst hat mächtig viel Geld, und der Kaiser ist Herr über eine Masse Soldaten, aber solche Schnuckenherde haben sie alle nicht.

Die Menschen sind unterschiedlich, welche fahren in feinen Jagdwagen, oder auch in den neumodischen Wagen ohne Pferde, welche haben Land und welche keins. Der Oberförster hat die schönste Frau weit und breit, und die Wietzer Bauern haben das Geld in Kartoffelsäcken; aber solche Schnuckenherde wie diese hier, hat keiner.

Es gibt helle Menschen und dösige; einmal war ein Naturforscher hier, der kannte jegliches Getier und alles Kraut mit Vor- und Zunamen, und früher kam einer oft hierher, der kannte alle Steine und wußte zu sagen, warum hier die Heide so buckelig ist und da unten so eben; in Celle wohnt ein Mann, der weiß alle Gesetze auswendig, und der Pastor versteht die Jugendschrift zu lesen, aus der sonst kein Mensch klug wird; aber es soll einmal einer kommen und sich in den Schnucken hier auskennen, und er wird bald sehen, daß sein Wissen Stückwerk ist.

Jürn aber kennt jedes Stück von der Herde. Es soll ihn nur einer fragen, und er sagt ihm ganz genau, wie alt das Stück ist, ob es schon krank war, ob es gelammt hat, ob es folgsam ist oder ob erst Schimmel und Wasser dahinter müssen, ehe es tut, was es soll. Der Bock da bei dem Sandloch, das ist ein richtiger Säufer. Jürn darf bloß da hüten, wo der Brahm wächst, weg ist der Bock und frißt sich duhne und dicke an dem jungen Brahm, bis er voll wie ein Pole daliegt. Nach drei Tagen ist er dann wieder da und tut nichts, als Wasser saufen. Er wäre schon längst beim Schlachter, aber er ist der stärkste Bock in der Herde, ein wahrer Prachtbock. Sein Bruder war ebenso

Wenn Jürn an diesen Bruder denkt, dann schmustert er vor sich hin. Es war auch so sonderbar, wie dieser Bock zu Tode kam. Er soff auch, das lag in der Familie; denn der Vater war auch schon so. Und seinen eigenen Kopf hatte er auch. Immer abseits, immer von der Herde weg. Auf Brahm war er rein verrückt. Das war denn sein Tod. Denn in dem großen Brahmfeld stand auch der große Haarbock, hinter dem der Jäger aus Hamburg immer her war. Und endlich kriegte er ihn und schoß ihn tot. Und dann kam er über die Heide und gab Jürn fünf Taler, und den Bock konnte Jürn auch noch behalten.

In den Städten wohnen merkwürdige Völker; die schmeißen nur so mit dem Gelde. Seitdem es in den Städten Mode ist, in die Heide zu gehen, wenn sie blüht, kriegt Jürn mehr von ihnen zu sehen, auch Frauensleute. Die fragen Jürn dann ein Loch in den Strumpf, ob es nicht langweilig ist, den ganzen Tag so herumzustehen und zu knütten? und wieviel er im Jahre verdiene? und warum er nichts anderes geworden sei? und was eine Schnucke koste?

Es scheinen meist ganz ehrenwerte Leute zu sein, aber so ganz gescheut sind sie doch nicht. Es sieht ja ganz niedlich aus, wenn die Heide am Blühen ist, aber wenn man da nichts zu tun hat, Schnucken zu hüten, nach den Immen zu sehen oder Plaggen zu hauen, dann bleibt ein vernünftiger Mensch da doch lieber weg und läuft nicht in Regen und Sonne herum, wie unklug.

Unkluge Gäste sind es doch, die Stadtleute. Sechs Zigarren hat ihm vorigen Herbst einer gegeben, und feine, mit rotem Papier um die Mitte. Die kosten doch mindestens einen halben Groschen das Stück. Und der Mann, der im April hier war und der ihn eigens auf dem Hof aufsuchte und ihn nach allerlei Vogelzeug fragte, nach dem Rauk und dem Pupphahn und dem schwarzen Storch, und der sich das alles aufschrieb, der gab ihm sogar ein ganzes Dutzend. So gehen die Stadtleute mit dem Gelde um

Zwei Male war Jürn in der Stadt, in Celle, aber keine zehn Pferde kriegen ihn wieder dahin; ganz benaud ist ihm zu Sinne geworden von den Menschen und Soldaten und Wagen und Velozipeden. Und als er in der Wirtschaft, in die ihn der Jäger mitgenommen hatte, sein Essen aus der Tasche holen wollte, da sagte der, das ginge hier nicht, und bestellte etwas zu essen und zu trinken. Das schmeckte ja wohl nach allerhand, aber es hielt nicht vor, obzwar der Jäger einen heilen Taler dafür ausgab, und als sie dann im französischen Garten waren, da war Jürn froh, daß er sein Brot und seine Wurst bei sich hatte und wieder vernünftig über den Daumen essen konnte.

Er wäre nie in die Stadt gekommen, wenn er nicht gemußt hätte; das war nämlich so gekommen. Er hatte im Faulenfelde gehütet, und da war ein Schuß gefallen, und da war er nach dem Anberge gegangen und hatte nach dem Jäger ausgesehen, und da waren zwei Männer aus der Fuhrenbesamung gekommen, die er nicht kannte. Der eine hatte einen zusammengerollten Sack unter dem Arme, das war der Alte, der hatte einen griesen Bart, und der andere, was der Junge war, der mit dem Schnurrbart, der hatte einen Sack über dem Rücken; und als die Männer meist am Königlichen waren, da war der Jäger gekommen und hatte ihn gefragt, ob er die Männer gesehen hätte, und dann fragte er, ob er sie wieder kennen würde. Und drei Wochen nachher bekam er eine Vorladung nach Celle zum Amtsgericht, und er hatte sich mächtig darüber verjagt.

Aber es war alles nicht so schlimm, wie es sich erst anließ. Der Oberste von den Gerichtsherren, der mit dem langen schwarzen Pastorenrock und der unklugen schwarzen Kappe, der war ja nun wohl erst ein bißchen grob geworden, als Jürn sich nicht gleich auf seinen Vatersnamen besinnen konnte; aber das war doch kein Wunder, immer hieß er bloß Jürn, und so hatte er ganz vergessen, daß er ein Dies war. Und schließlich hatte der Richter mächtig lachen müssen, als er ihn fragte, ob er mit den Angeklagten, das waren nämlich Celler Mascher und geschworene Wildschützen, verwandt oder verschwägert sei, und er gesagt hatte, wie es wohl möglich sei, daß er mit Leuten verwandt sein könne, die er gar nicht kenne.

Als dann alles zu Ende war, da fragte ihn ein Mann in Uniform, ob er Verdienst versäumt habe, denn dann bekäme er Geld. Und nun wußte er, woher die Leute in der Stadt alle das scheußlich viele Geld her haben: sie gehen auf das Gericht und lassen die Arbeit liegen, und das kriegen sie dann gut bezahlt; und dann sind welche da, die reden vor Gericht den Angeklagten lauter Schlechtigkeiten nach, und andere reden lauter Gutes über sie, und dafür kriegen sie auch Geld. Und einer sitzt da, der schreibt alles auf, und das wird ihm auch bezahlt. Und schließlich ist es so: der eine betrügt den anderen, und das nennen sie Umsatz.

Aber es gibt auch ganz vernünftige Leute in der Stadt. Da war auf dem Gericht ein junger Mann, der hatte das ganze Gesicht voll Narben, der kannte den Jäger und ging mit ihm in das Wirtshaus. Er machte sich aus Papier und fuchsigem Tabak Zigarren, die stanken sieben Meilen gegen den Wind, aber sonst war er nicht uneben, und als einer von den Kellnern über Jürn lachte, da sah er ihn bloß an, und der Kellner war gleich ganz anders zu Jürn und sprang um ihn herum, wie ein Zinshahn.

Dieser junge Mann war Erbe von einem großen adeligen Hofe und lernte die Gerichtskunde bloß, daß ihn nachher, wenn er den Hof hatte, die Leute nicht betrügen sollten; das ist sehr vernünftig, denn es geht nirgendswo toller her, als auf der Welt. Und was der für einen Hund hatte, gelbbunt, wie Brinkmanns Kater und so hoch wie der Tisch, und der konnte wahrhaftig Bier trinken als wie ein Mensch.

An dem jungen Manne hatte Jürn seine Freude; der fragte genau, wieviel Morgen beim Dieshofe seien und wieviel davon unter dem Pfluge wären und wieviel zu Wiesen gemacht seien, und am meisten fragte er nach den Schnucken; davon konnte er nicht genug hören. Und eines schönen Donnerstags kam er in die Stuken, wo Jürn gerade hütete und blieb den ganzen Nachmittag bei ihm und verehrte ihm ein schönes Messer, an dem waren zwei Klingen, ein Pfriem, ein Pfropfenzieher und ein Stahl zum Feuerschlagen, so daß sich Jürn nun keine Streichhölzer mehr zu kaufen braucht, was ihn immer geärgert hatte.

Das ist eine ganz dummerhaftige Erfindung; so ein Streichholz ist schnell angebrannt, und halb brennend wird es weggeschmissen, und nachher kommt dann Feuer in der Heide aus, wie vor drei Jahren, wo ihm vier Lämmer in den Flammen umkamen. Müßten die Menschen erst Stein und Stahl und Zunder nehmen, um sich die Zigarre anzustecken, dann würden sie nicht so wild mit dem Feuer umgehen, denn das ist nicht so einfach, vorzüglich bei starkem Winde.

Aber in der Stadt wollen sie alles so bequem haben, und davon kommt dann alles Unglück. Es vergeht doch wohl kein Jahr, daß es in Celle nicht brennt oder daß ein Mensch auf schreckliche Weise zu Tode kommt. Jürn weiß heute noch, wie ihm zu Mute war, als er auf dem Gerichte die Treppe hinaufsteigen mußte; hätte ihn der Jäger nicht an die Hand gefaßt, es wäre nicht gegangen. Aber das Schlimmste, das kam nachher, als es hieß, die Treppe wieder hinunterzuklettern; ordentlich schwindlig wurde ihm, und zwei Mann mußten ihn halten, und es ging überhaupt erst, als er rückwärts hinunter ging und sich dabei vorredete, er sei auf der Leiter im Schafkoben.

Nein, das mit der Stadt, das ist nichts, und wer da nicht hingehört, der soll da fortbleiben. Jürn bleibt auf seiner Heide, wie seine Schnucken.

## 22. An den Ufern der Örtze.

Viele Flüsse und Flüßchen hat die Lüneburger Heide; ihr echtester Heidefluß aber ist die Örtze. Sie hat als Heidjerin keine Sehnsucht nach anderen Ländern; in der Heide kommt sie auf die Welt, in der Heide will sie enden.

Sie ist so bescheiden, so klug und so still, wie ein richtiges Heidjerkind; es wäre ihr ein Leichtes, wenn sie ihren eigenen Weg ginge bis zum Meere, denn selbst in den trockensten Sommern hat sie Wasser genug; die Flüßchen und Bäche aus den Mooren, die Schmarbeck und Sotriet, Lutter und Wittbeck, Wietze und Brunau, lassen sie nicht verdursten. Aber ihr liegt nichts an der weiten Welt.

Das Stückchen Heidland von Töpingen bis Winsen genügt ihr; in friedlichem Fließen gleitet sie an rosiger Heidbergen, dunklen Fuhrenwäldern, glitzernden Sandbrinken vorüber; stolze Eichen wachsen an ihren Ufern und stattliche Fichten; ihre Uferhügel lassen Platz genug für fruchtbare Wiesen, gehen aber nie so weit von ihr fort, daß unendliche Marschflächen die stillen Schönheiten der Heide beiseite schieben, wie an der Aller.

Die ist ja auch gar kein Heidefluß, sondern so ein richtiger Allerweltsfluß; aus Sachsen gebürtig, bringt sie eine fremde Sprache und fremde Sitten mit, prahlt von Bergen und Burgen, um plötzlich, noch mitten in der Heide, sich als Marschbäuerin aufzuspielen; stolz und hoffärtig, weiß sie nicht, wie dick sie sich tun soll an guten Tagen, um dann wieder ganz klein zu werden in der Sonne, wenn die Bergflüsse, die Leine, die Ruhme und die Innerste, ihr nicht mehr aushelfen können.

Die Örtze aber bleibt, wie eine richtige Heidjerin, sich immer gleich, im heißen Sommer und wintertags, im Frühling und wenn der Herbst im Lande ist; sie ist fröhlich in guten Zeiten, aber mit Maßen, sinnig, aber nicht schläfrig, still, aber nicht langweilig; es fällt ihr nicht ein, sich so zu überstürzen, wie die wilde Böhme, aber so langsam, wie die faule Fuhse, ist sie auch nicht. Sie hält immer die richtige Mitte.

Ihr liegt gar nichts daran, in der Leute Mäuler zu kommen; es wäre eine Kleinigkeit für sie, aus dem Wietzeberg bei Müden in einigen Jahrhunderten ein ebenso berühmtes Fleckchen zu machen, wie es die Böhme bei Fallingbostel schuf. Sie aber gibt, was sie hat, und nicht mehr.

Sie hat auch genug für den, den der Weg an ihr vorbeiführt, erst Munster mit seinem bunten Soldatenleben, dann das freundliche Müden mit seinen alten Eichkämpen um die festen Häuser, dann Hermannsburg, wo ihre Wiesen sich weiten, dann Beckedorf, Oldendorf, Eversen, Wolthausen mit vielen heimlichen Winkeln und traulichen Ecken, und selbst da, wo es mit ihr zu Ende geht, bei Winsen.

Das Örtzeende vor Winsen ist ein kleines Paradies; wer da im Mai ist, wenn die Bäume grünseidene Blätter haben und alle Hecken blühen, wenn an den Ufern die goldenen Schwertlilien leuchten und aus allen Zweigen die Vögel singen, dem lacht das Herz im Leibe; und ist er dort, wenn der Tag zur Rüste geht, wenn die Fische sich werfen und das Rotkehlchen sein Abendlied singt, dann kommt Seligkeit über ihn.

Vielleicht aber wird er auch traurig, weil er dort Abschied für immer nehmen muß von der Örtze, und er bleibt lieber in Wolthausen, lehnt sich über das Brückengeländer und läßt sich von ihr allerlei erzählen, von uralten Zeiten, da Thor und Wode in den Eichenwäldern des Ruhhorns geehrt wurden mit duftendem Opferbrand und schäumendem Met, und von kommenden Tagen, wo die Diamantbohrer die Heide zernagen werden im Örtzetale, hungrig nach Salz und durstig auf Öl.

Viel kann die Örtze erzählen, Gutes und Böses; wenn die Abendsonne ihr goldbraunes Wasser mit Blut färbt, dann schluchzen ihre Wellen laut im Röhricht in jammerndem Gedenken der edlen Mannen mit den langen Bärten, denen die Heide zu eng und zu mager war, sie zogen südwärts, gründeten stolze Reiche und verschwanden. Heidkraut verträgt keinen fetten Boden.

Von den Billungen weiß sie, die den Wenden den Eintritt in die Heide wehrten, und von den vielen zweiten Söhnen und geringen Leuten, die mit den Ordensrittern in die Ostmark zogen und zwischen Russen und Polen deutsche Art pflanzten und hüteten; Hermann Billung singt sie Loblieder und murmelt Verwünschungen gegen seinen Bruder, Wichmann Neidherz, der die Wenden in die Heide rief und Brand und Mord über die Dörfer brachte, bis er fern von der Heimat ein blutiges Ende fand.

Einen ganzen Tag und eine volle Nacht kann sie singen und sagen und kommt nicht zu Rande damit; des edlen Löwen trotziges Bild zaubert sie hervor und klagt laut über seinen Sturz und des Rotbarts grimme Rache, seufzt über den elften Juni von dreizehnhundertachtzigundacht, als die Winsener Heide Blutrosen trug, und flüstert stolz von Heinrich, dem König der Heide, dem nichts so lieb war, wie das Pfeifen der Pfeile und das Klirren der Klingen.

Aber noch anderes weiß sie, als nur Blut und Tod; von friedlichen Tagen kann sie plaudern, als in dem festen grauen Poststalle vor der Wirtschaft oft über hundert Pferde die blankbenähten Kummete klingen ließen, als es noch keine Eisenbahn gab und über ihre Brücke aller Verkehr zwischen Hannover und Hamburg mußte; da ist es oft lustig genug hergegangen bei vollen Gläsern, mit Kartjen und Knöcheln, oft zog der Tabaksrauch so dick aus den Fenstern der Wirtshäuser, wie ein Nebel, und vor dem lauten Gesang stoben die wilden Enten aus den Buchten unter der Brücke.

Jetzt ist es stille dort; Radfahrer und Jäger bringen ab und zu Leben dorthin, zweimal am Tage klingt das Posthorn, seltsame neumodische Wagen ohne Pferde kommen vorbeigedonnert und scheuchen die Hühner, die auf der Straße herumpicken, durch die Zäune; sonst aber geht das Leben seinen stillen Gang, wechselnd zwischen Feldbestellung und Ernte, Torfstich und Holzschlag, Mahd und Einfuhr, Arbeit und Schlaf.

---

# Börries Freiherr von Münchhausen.

## 23. Der Trinkspruch „Matje Fehrs".

Die Brandung heult, und der Nebel braut dick und schwer,
Vom Süderdeich schrillen ängstliche Möven her.

Lars Pettersen spricht: „God schütze use Schalupp
Un schütz us all un de Hallig Norderup!"

Drei alte Männer rücken schweigend zum Tisch
Die plumpen Schemel und greifen zu Brot und Fisch.

Die kleine Inge bringt ihnen den Grog herein.
„Inge, wo heit de Spruch?" fragt Erven Svein.

Das Kind spricht ernsthaft das alte Wort und zag:
„Up dat et us wuhl gah up use olen Dag!" —

Und mit der Nacht stieg an das friesische Land
Der alte Sturm mit der rissigen Seemannshand,

Und die nasse Hand lag schwer auf Insel und Sund,
Und hinter ihm heult die See, sein struppiger Hund. —

Der Morgen graut. Müd wandert das graue Meer,
Mit zerspelltem Mast treibt eine Schaluppe her.

Ein alter Mann sagt: „Bald geit de Sonne up, —
Wo sün de annern un Hallig Norderup!"

Er nimmt den letzten Trunk aus dem Bootsverschlag:
„Up dat et us wuhl gah up use olen Dag!"

## 24. Der hungrige Teich.

Weite Felder am Höderup-Deich,
Mitten darin der Hungrige Teich.

Die Ähren schütteln sich vor Entsetzen,
Der Fisch ängstet haufenweis zu den Netzen,
Wenn aus dem Teich, wie aus tiefer Gruft,
Eine Stimme ruft,
Eine Stimme, die nie vergeblich ruft! —

Der Pfarrer von Höderup geht über Feld,
Johannistag glüht auf der Marschenwelt,
Friedliches Stiefelknarren auf staubigem Wege,
Sonst kein Laut in Flur und Gehege.

Ein Ährenzittern läuft her, wellengleich!
Da! — langsam und klar vom Hungrigen Teich

Heimatlose Worte wandeln durch das Licht:
„Die Stunde ist da, — und der Mensch noch nicht!“

Den Pfarrer packt es, er weiß nicht wie,
Er weiß nur das eine: Flieh! Entflieh!
Und wie er läuft, — noch einmal, ganz nah:
„Die Stunde ist da . . . . . . .!“

Vor Höderup, wo die Birken stehn,
Da hat er den Knaben laufen sehen,
Da hat er gewußt: Tu jetzt, was du willst, —
Glaub doch nicht, daß du sein Hungern stillst
Dem Hungrigen Teich!

„Lütt Pieter, min Jung, segg, wo wistu hin?“
Er faßt ihn freundlich unters Kinn,
„Nich wid! Wi sün ja dor all glick, —
Eck gah to speelen an Hongrigen Diek!“
„Lütt Pieter, du schallst nich tom Water gahn,

Lop mal nahn Oberdörpe enan
Un segg Herrn Lehr, . . . un frag Herrn Lehr,
Ob hei hüt Ahmd in Kränzchen wer.
Un denn kom gliek to mi torügge,
Aber gah dörchs Dorp, — nich över de Brücke!“ —

Die Diele im Pfarrhaus war weit und kühl,
In der Küche aber, da wallte es schwül,
Da standen die Weiber um Kessel und Trog,
Und Frau Pastor aus der Türe sich bog:
„Katrin, für die feine Wäsche hol gleich
Mal noch zwei Eimer vom Hungrigen Teich!“

Und der Pfarrer wußte: Laß sie nur gehn,
Der wird da draußen kein Leid geschehen!
Und er saß bang. Die Wanduhr tickte,
Unerbittlich der Zeiger rückte,
Und als er nach dem Zeiger sah,
Da wußte er wieder: Die Stunde ist da!

Er trocknete sich von der Stirne den Schweiß,
Der Mittag brütete gar zu heiß.

Ein geller Frauenschrei: „Rudolf, Rudolf!!! —
Schnell, schnell!! — Lütt Pieter lag
Tot auf der Diele, gerührt vom Schlag!
Müde und durstig und heißgerannt
Schöpfte er mit der Kinderhand,
Trank er vom Eimer, der dort stand.

Die Küchenuhr schlug durch Brodem und Rauch,
Die Stunde war da, — der Mensch auch!

## 25. Harzfahrt.

— Taufrüh bin ich zu Berg gefahren,
Noch tropfte rings es vom Geäst,
Und in des Tannwalds dunklen Haaren
Hing noch der Nebelschleier fest,
Es stieg vom Fichtelnadelgrunde
Ein Opferodem feierlich,
Wie ein Erinnern kams zur Stunde
Von fernen Sommern über mich.

— Mit langen feuchten Händen strichen
Die Zweige schmeichelnd mein Gesicht,
Und alle meine Sorgen wichen,
Und all mein Denken ward Gedicht.
In träumendem Bergaufwärtssteigen
Ein neues Lied ich zag begann, —
Mit großen Augen sah das Schweigen
Des Waldes mich verwundert an.

— Ins ferne Tal hinunter lauschend
Betrat ich jetzt den Fels-Altan,
Von Berg zu Berge wogte rauschend
Der grüne Buchenozean,
Der zarte Rauch der Köhlerhütten

Am Waldsaum zögernd aufwärts strich,
Und irgendwo in Waldesmitten
Ein Wagenknarren weiterschlich . . .

## 26. Der Letzte seines Stammes.

„De ole Stamm verdörrte, ick bün de letzte Tweig,
De edelen grönen Blädder de wörn all dot un bleich,
Nu bün ick de letzte Büsken in de Grafschaft Schauenburg,
Un bün de letzte Büsken de Lande durch.

Im Saddelhove to Oldendorp satt ick twintig Jahr,
Un drüttig Jahr min Edelmannsitz de Perdesattel war,
— Nu griep ick nimmermehr tom Sprung in eenes Perdes
Mähn,
Nu schalln mine Lehen hebben mine Swiegersähn.

Asche von Kramm schall nochmal tom Weserlande kehrn
Mit Börries von Mönckhusen vom Hove Apelern,
Darto de edelen Herren von de Süntel- un Deisterlehn,
Se schalln tom letzten Male en Büsken sehn!"

Da kamen angeritten von den Rottorps aus Hülsede Klaus,
Die Marenholtz und Oheimbs, ein Alten und der von Haus,
Und Stolzenberg, der treue, Arnswaldt vom Rethemer Moor,
Ein Zerssen und ein Holle und Hake aus Ohr.

Und Jobst von Lenthe drückten die neunzig Jahre nicht schwer,
Er ritt mit sieben Söhnen und Bock von Wülfingen her, —
Sie alle trafen noch einmal beim letzten Büschen zusamm,
Dazu seine Schwiegersöhne Münchhausen und Kramm.

Und vor den Zeugen allen gab Lehen er und Land
Mit allen Zins und Fronen den Söhnen in die Hand.
Dann sprach er: „Ole Sitte was jümmer bi olen Geslecht,
So lat us ole Sitten ok wahren recht!"

Da reichte Jobst von Lenthe den rostigen Helm ihm her,
Anschnallte Alten die Sporen, und Kramm gab ihm den
Speer,

So schritt er stark gewaffnet aus dem Sattelhofe heraus
Und stand, ein Heimatloser, vor seinem Haus.

Und stand eine gute Weile auf der staubigen Straße allein
Dann holten ihn zu Gaste seine Söhne und Töchter herein,
Sie saßen zum Mahle nieder, Klaus Büschen den Becher nahm,
„So drink ick tom letzten Male up ju alle tosam!

Ick drink up usen Graven, for den mine Lanzen ick brok,
Wi hed em Tru eholen, hei heeld de True ok,
Ick drink up mine Buern, — un up dat letzte Blatt,
Dat sick am olen Stamme gelockert hat!"

Das letzte Blatt gelockert, der Alte fühlte es recht,
Es ging mit ihm zu Ende und mit seinem Geschlecht,
Noch sechsmal sah er am Süntel golddunstig den Frührotschein,
Dann schloß er die Augen, — er mochte wohl müde sein! —

Die Klosterglocken von Fischbeck wandeln die Weser entlang,
Und grüßen im Nebel droben den Lachemer Glockenklang,
Die Glocken von Oldendorf wimmern, — 's ist wie ein Sterbeschrei,
Sie setzen den letzten Büschen in Fischbeck bei.

Der Nebel taut, als weine die kühle Oktoberluft,
Hoch steht des Landes Adel um die alte Gruft,
Zum letzten Male hob sich darüber der mächtige Stein,
Die Nonnen sangen ihr letztes Requiescat hinein.

Und Assa Kramm sprach leise den Spruch darüber her:
„Büsken, hüt noch eenmal, von hüt an: Nimmermehr!"
Börries Münchhausen spellte mit dem Schwerte den Schild entzwei.
Der silbernen Lilie Sommer war nun vorbei. —

Die Rosse schnoben im Dunste, die Weser rauschte fern,
Die breiten Hände reichten sich stumm die edlen Herrn,

Zur Heimat ritten sie schweigend in den rieselnden Nebel
hinaus, —
Der einsame letzte Büschen war auch zu Haus.

---

# Rudolf Reichhardt.

## 27. Unter der Dorflinde.

Altehrwürdige, prächtige Dorflinde — im Andenken an meine Jugendjahre nimmst du einen hohen Ehrenplatz ein, du, der Mittel- und Sammelpunkt der Dorfbewohnerschaft jeglichen Alters und Standes! Geschlechter hast du kommen und gehen sehen, an des Dörfleins Freud und Leid teilgenommen, ja, als ein Blitzstrahl dir einst ins Geäst fuhr, da ging dir's ans Leben, aber du hast ausgehalten und den Schlag verwunden. Noch immer spielen die Kinder unter deinem Schattendach und erholen sich die Alten nach des Tages Last und Mühe am Sommerabend, noch immer saugen aus deinen Blüten die Bienen ihren Honig und singen die Vögel in deinen Zweigen ein Loblied zur Ehre des allgütigen Schöpfers.

Wir staunten, als uns der treue Lehrer, der nun auch schon unter dem grünen Rasen gebettet liegt, einst erzählte, eine Linde könne 800 bis 1000 Jahre alt werden, und unsere Dorflinde möge wohl zu Luthers Zeiten gepflanzt sein. Da wurde unsere Achtung vor dem alten Baume noch größer. So war sie also auch Zeugin des unglückseligen dreißigjährigen Krieges gewesen, der unser Volk so furchtbar heimsuchte, erst durch die eingeschleppte Pest und dann durch die Raubzüge der zügellosen, wilden Kriegsvölker. In wenigen Jahren erlag über die Hälfte der Einwohnerschaft jener entsetzlichen Krankheit; besonders unter den Kindern räumte sie so gewaltig auf, daß Jahre vergingen, ehe an einen geordneten Schulunterricht wieder gedacht werden konnte. Dann zog Tilly mit seinen raubenden und plündernden Soldaten durch das Dorf; unter der Linde wurde die Beute verteilt, die man von den armen bis auf das Blut ausgesogenen Dorfbewohnern noch erpreßt hatte. Könnte die alte Linde reden, dann würde sich uns das Herz umwenden, wenn wir von den entsetzlichen Mißhandlungen und Bluttaten hörten, mit denen man damals unsere Vorfahren quälte. Auch die Trübsale des siebenjährigen Krieges und die unglückliche Zeit von Preußens tiefster Erniedrigung im Jahre 1806 hatte die Linde mit erlebt. Der französische General Vandamme, so erzählten uns immer die Alten, soll unter ihren Zweigen gefrühstückt haben, die Dorfbewohnerschaft aber war aus Furcht in die nahe gelegenen Wälder geflohen.

Seitdem hatte kein Feind wieder das Dorf betreten. Als aber die braven Vaterlandsverteidiger der Gemeinde, mit Lorbeerkränzen geschmückt, aus dem großen Kriege gegen Frankreich 1871 heimzogen, da war große Freude im Dorfe und Jubel unter der Dorflinde, da ernannte der greise Pfarrer, der die wettergebräunten siegreichen Krieger willkommen hieß, unsere Linde zur Friedenslinde. Mir kam's damals so vor, als ob ein geheimnisvolles Rauschen durch die Äste und Blätter des Baumes zog, gerade als ob er sich vor Freude und Stolz recken wollte über die ihm widerfahrene Ehrung.

Für uns Kinder war zur Sommerszeit die Dorflinde unser Heim und liebster Aufenthalt. Suchten uns die Eltern, dann wurde zuerst zur Linde geschickt. Dort wurden von den Knaben im Frühling Pfeifen geschnitten, nachdem man ihre Schale unter dem Absingen eines Versleins weich geklopft hatte, beim Räuber- und Soldatenspiel war die Linde das Mal, bei dem man aus- und einlief, die Mädchen drehten um den Stamm des Baumes ihre Ringelreigen, die Allerkleinsten aber wurden im Wägelchen mit den großen Holzscheibenrädern unter den Schatten der Zweige gefahren, wo sie bald süßer Schlummer umfing. Lebendig wurde es am Abend bei der Dorflinde, wenn einmal Komödianten sich einstellten. Da kam der alte Kolter mit seiner Seiltänzerfamilie, der auf dem hohen Turmseile, dessen eines Ende in den Zweigen der Linde verknüpft war, eine Karre vor sich herschob, aus der Tauben aufflogen oder seinen Pudel die drolligsten Sprünge und Kunststücke machen ließ; da kam der Zauberkünstler und zog einem meiner Schulkameraden ein endloses buntes Band aus dem Munde, oder Kasper erschien und begrüßte, ehe er seinen Prügelstock, Säbel, Heugabel und Holzscheit gegen Tod, Teufel, Drachen und Ungeheuer in Bewegung setzte, uns Kinder mit der Frage: „Seid ihr alle da?" worauf natürlich der ganze Chor ein fröhliches „Ja" erschallen ließ. Als ich älter wurde, kam mir freilich das Kaspertheater zuweilen recht albern und roh vor, und ich verzichtete auf eine weitere Teilnahme.

Zuweilen war auch zur Sommerszeit Gemeindeversammlung unter dem Lindenbaum. Damals wurde noch die Bauernglocke geläutet, und auf dieses Zeichen traten die würdigen Väter der Gemeinde zusammen, um über das Wohl der Gemeinde zu beraten. Ich sehe noch im Geiste den pfiffigen Bader, unsern Dorfbarbier, der einige Jahre in der Stadt geweilt und „freiere Luft geatmet" hatte, wie er zuweilen rühmte, erregt werden; wenn die bedächtigen Landleute seinen Vorschlägen nicht zustimmen wollten, dann fiel er aus der Rolle und tanzte wie ein Kiebitz hin und her, um Anhänger für seine Meinung zu gewinnen. Gelang ihm das nicht, so verließ er grollend die Versammlung. Wir Kinder, die wir zur Seite standen, verwandten natürlich kein Auge von der Gestalt des Barbiers und ahmten dann seine drolligen Gesten in unseren Spielen unter der Dorflinde nach.

Das schönste Fest wurde aber bei der Dorflinde Pfingsten begangen. In der Woche vor dem Feste wurde der Stamm des Baumes mit Maienbüschen besteckt, in seinen Zweigen aber baute man das „Orchester", ein Brettergerüst auf, auf welchem die Dorfmusikanten saßen und ihre lieblichen Weisen erklingen ließen. Auf dem Platze vor der

Linde war die Pfingstlaube gebaut, in der am Pfingstfeste von den Pfingstburschen das Pfingstbier verschenkt wurde. Jedes Paar, das auf der grünen Rasenfläche getanzt hatte, erhielt an der Pfingstlaube einen Becher selbstgebrauten Bieres. Am dritten Pfingsttage war Kinderfest. Was war das für eine Freude für uns Kinder! Vom Schulhause aus zogen wir, die Knaben mit Schärpen geschmückt, Maienbüsche in den Händen, die Mädchen Kränze im Haar tragend, mit Musik unter die Dorflinde, wo unter Anleitung des Lehrers gespielt wurde. Die Knaben schossen mit einer Armbrust nach einem Vogel; wer die Krone traf, war Schützenkönig; die Mädchen gewannen beim Topfschlagen die ausgesetzten Preise. Zuletzt war Kindertanz. Nach dem Takte der Musik tanzte man da: „Herr Schmidt, Herr Schmidt" oder „Mit den Füßen trapp, trapp, trapp," bis der herannahende Abend dem schönen Feste ein Ende machte. Und die alte, im frischen, lichten Grün prangende Dorflinde schaute zu und schien sich über das fröhliche, harmlose Treiben der Kinder zu freuen.

---

## August Sach.

### 28. Das Heidedorf.

Die Häuser liegen weit auseinander; unter den hohen Eichen, die ihre laubigen Zweige über die Strohdächer breiten, zieht ein kurzgeschorener, dunkelgrüner Rasengrund, der je nach der Lage des Hauses ringsum frei oder von einem Zaun eingeschlossen ist. Ein Teil des Rains wird gewöhnlich als Hofraum benutzt und ist mit Wagen, Ackergerätschaften, Heidehaufen und Holzvorräten bedeckt. Hinter dem Hause liegt der kleine Garten, dessen Hauptbestandteil Gemüsepflanzen bilden, aus denen sich einige Obstbäume erheben. Blumenfelder gibt es meist nur wenige, aber der Rosenstrauch, der unter dem Fenster grünt und blüht und duftet, erfreut den stillen Dörfler mehr, als es Hunderte der prächtigsten Wunderblumen zu tun vermöchten. Jenseit des Gartens breitet sich eine blumige Wiese aus, an deren Rande Hagedorn- oder Hainbuchenhecken, halbhohe Weiden oder Erlen stehen, die zugleich die Grenze gegen das Gebiet der Nachbarn bilden. Obgleich sich ein Teil der Häuser zu beiden Seiten der durch das Dorf führenden Straße befindet, so ist doch dabei niemals ein bestimmter Plan zu bemerken. Jeder hat sein Haus erbaut, wo es ihm gefiel. Nur in Kirchdörfern pflegen Kirche, Pfarre und Schule nahe beieinander zu liegen.

## 29. Das lüneburgische Bauernhaus.

Das lüneburgische Bauernhaus zeigt in seinem Äußern und Innern überall die Form des niedersächsischen Hauses. Es ist ein langes, einstöckiges Gebäude und stets mit einem Strohdache versehen, dessen höchster Stand mit einer fußhohen Schicht Heide, der sogenannten Dachheide, bedeckt ist und an beiden Enden als Giebelverzierung die hölzernen Pferdeköpfe trägt. Den Haupteingang bildet die große Bogentür mit zwei Flügeln; die Tenne, die sogenannte Lehmdiele, ist von beiden Seiten von Stallungen, Futter- und Vorratskammern eingeschlossen. Inmitten der sich daran schließenden Flur befindet sich hie und da noch in den älteren Häusern die Feuerstelle, eine unmerkliche Erhöhung von Steinen, und über ihr in ziemlicher Höhe ein Gerüst von Balken, von dem eine lange Kette herabhängt, die den Kessel oder „Grapen" trägt, worin alle Hausspeisen gekocht werden. Das Gerüst dient zugleich als Räucherkammer. Der Hausbesitzer schlachtet um Weihnachten und hängt sämtliche Schinken, Speckseiten und Würste an die hohen Balken über der Feuerstelle, wo sie dermaßen durchräuchert werden, daß auch die stärkste Sommerhitze ihnen nichts anhaben kann. Ein solches Dielfeuer gewährt für jeden, der ein solch seltenes Haus aufsucht, einen gar freundlichen Anblick, wenn er durch die hohe Bogentür schaut und sieht, wie die Flammen so ruhig emporlodern und die blanken Kupfer-, Messing-, Zinn- und Blechgeschirre auf den Wandborten mit hellem Schein beglänzen. Steht zufällig eine der Türen ganz offen, so gewahrt er dieses trauliche Feuer schon aus weiter Ferne, und den müden Wanderer, der am späten Abend einsam über die dunkle Heide schreitet und es plötzlich zwischen hohen Eichen erblickt, dünkt bei dem freundlichen Schimmer der Stab in seiner Hand nicht mehr so schwer.

Je nach der Lage des Ortes oder der Wohlhabenheit des Besitzers ist die Haus- und Zimmereinrichtung mehr oder weniger geändert und stattlicher geworden. Mitunter findet man in abgelegenen Dörfern noch ein vollständiges Naturleben, das indes weniger Armut als einen harmlosen Sinn bekundet. Die Bewohner solch eines einsamen Ortes erscheinen dem Fremden ganz wie die Heide selbst. Sie sind das Urgeschlecht, das seit Einwanderung der germanischen Stämme diese Gegenden besetzt hält. Wie draußen in der Natur weit und breit Ursprünglichkeit vorwaltet, so haben sich diese ernsten, in Reden und Gebärden bedächtigen Leute meist noch ursprüngliche Tugenden bewahrt: echte Biederkeit und Treue, Gastfreiheit und unverdorbene Sitten, wahre Frömmigkeit ist hier noch heimisch. Der Bewohner der Lüneburger Heide läßt oft, unbewacht aber sicher, Zeug und Gerät viele Nächte im Felde oder auf offenem Hofe liegen; er hat nicht nötig, der Diebe halber Haus und Hof zu verschließen. Einheimische Bettler gibt es fast gar nicht, offenkundige Arme wenige; vielmehr ist in der Heide, wenn auch nicht sehr bedeutender Reichtum, so doch eine gewisse Wohlhabenheit zu Hause.

# Elfriede Schönhagen.

## 30. As us' Großvader us' Großmudder nahm.

Langsam und schwer fiel der Schnee und wob eine hohe schimmernde Decke. Früher als sonst kam heute der Abend in das weltferne Dorf auf einsamer, weiter tiefverschneiter Heide und deckte es mit seinen langen Schattenhänden zu. Ehe aber Frau Nacht ihr Roß bestieg, um die Millionen goldener Sternenaugen anzuzünden, erstrahlte auch der Krug in heller Beleuchtung. Feierte man doch heute und morgen das alte liebe „Döschbeier". Im Sommer „Ernteköst", oder gar, wie in der Stadt Mode war, „Schüttengill" zu feiern, nein, das gab's nicht; dazu hatte man keine Zeit. Aber jetzt im Jenner, wo der heiße Grog so prachtvoll schmeckte und man im Landwirtschaftsbetriebe rein gar nichts versäumte, da gestattete man sich diese zweitägige Feier.

Die große Viehdiele, extra zu dem Zweck fein weiß getüncht, prangt in frischem Grün; Tannengirlanden mit Rauschgold und Papierschleifen sind höchst malerisch von der Luke aus bis zu dem Wiemen angebracht. Line, die dralle Großmagd, fegt nochmals gewissenhaft über den Saal, obwohl die Bretter schon in erfreulicher Reinlichkeit glänzen. Sie stemmt ihre Arme in die Hüften und sagt zu Jürn, dem Dienstjungen, der auf der Futterkiste sitzt: „Nun is's liekeveel, de Mus'kanten könnt fürns anfangen."

Mit Feldherrnblick überschaut sie den Festsaal. Rechter Hand der Bierausschank, ja — die Fässer stehen parat — dann die Rumflaschen; die weitbauchigen, voll Refardtschen Klaren stehen einträchtig neben dem Sanften Heinrich-Likör für die „Damens". Der lange, quergestellte Tisch ist für die Apollo-Jünger bestimmt, und die beiden Futterkisten, die mit einem Deckel versehen sind, sollen als Sitzgelegenheit für Tanzmüde dienen.

Lachend und polternd schieben sich jetzt die Musikanten durch die Missentür, ein Dutzend Jungkerle begleiten sie. Kein ohrenbetäubender Lärm jetzt beim Stimmen der Instrumente — i — bewahre! Das schenken sich die Braven überhaupt ganz. „Snicksnack!“ belehrt Schneiders Vadder, „die erste Vigelin,“ den kürzlich aufgenommenen Kontrabaß: „lat die Griffe, Hein! Glöw mi, da kummt 't nich up an; man nur ümmer wisse in Tritt, und lut, höllschen lut! dat is die Hauptsak! Man driest tau! Och wat — keine Bange, Hein!“ — — Und Hein ruckst hinein, immer über die Mitte und zwei Seiten zugleich.

Der Ball ist eröffnet. Der Damenflor, die Trimmarieken, Viechen, Stinen und Dortjen stehen mit klopfenden Herzen in der „Angtree“stube; wer was auf sich hält, geht nicht allein auf den Saal, sondern läßt sich holen. Ein harter Taler fliegt auf den Musikantentisch. Der Spender, — Anerbe des größten Heidhofes in W., bestellt: Tauerst „Im Wald und up de Heide und denn twe Bunte.“

Die Paare finden und fassen sich, meist küseln sie links herum. Nach drei Versen haben sie sich im Walzertakt gedreht, nun ein langgezogenes fis — „Schafsdämelack,“ ruft erbost die erste Vigelin der Klarinette zu, „jetzt mit g anfangen.“

Und im beschleunigten ¾ Takt tanzt und singt man weiter: „Es wollt' ein Jäger jagen, dreiviertel Stund' vor Tagen ein Hirschlein oder Reh.“ Der junge Bauernsohn läßt durch Armaufheben die Musik verstummen; wer den Tanz bezahlt, kann auch die Länge bestimmen. Ein kurzes Signal vom Musikantentisch, und flugs ordnen sich je vier Paare in Karreestellung. „Wat giwt, 'n Langenhäger oder Hamburger Cuntra?“ fragt man unter sich. „De Walzerkadrilje!“

Die beiden ersten Touren dieses Kontretanzes sind die allgemein bekannten, dann wird aus jedem Karree ein Kreis gebildet. Die Männer wenden ihr Gesicht nach innen, die Mädchen nach außen. Die letzteren treten in die Mitte, stehen Rücken an Rücken, greifen von dem einen Partner die linke, vom anderen die rechte Hand. Acht Armpaare setzen sich in Ruderbewegung, verschämt und zaghaft klingt's aus Mädchenmunde, laut dröhnend singen die Jungkerle: „Was man aus Liebe tut, das geht nochmal so gut" usw. — Die erste Tour wiederholt sich mit den andern beiden viermal, dann ist der Tanz aus. Auch nicht ein altdeutscher, niedersächsischer Reihentanz, oder „Bunter" wie meine Heidjer sie nennen, ähnelt dem andern. Originell ist beim Hamburger Kontra das Kommando: „Jeder mit Sine!" Oder bei einem anderen: „Alle Hübschen!" Heißts beim Achterhalfturig mit 'n Schottschen: „Alle Deerns!" so küseln sich je zwei Mädchen in rasender Schnelligkeit um sich selbst, während ihre Partner eine Windmühle bilden.

Fast jeder dritte Tanz ist ein Bunter. Scheinbar werden die mit Text bevorzugt. Der junge Lehrer entrichtet seinen Obolus und bestellt: „Hobelbank, Heidenröslein und Großvatertanz. Eine kurze Pause tritt ein, der Saal wird gefegt, Wolken von Staub wirbeln auf, zwischendurch werden zwei Pakete Rutschpulver gestreut.

— — Röslein auf der Heiden. — — —

Die Gesichter der Dorfschönen glühen wie Feuerlilien, wenn die forschen Jungkerle in üblicher Weise ihre Deerns sich von der Wand heranwinken. Aufstellen zum Großvatertanz. Gut, daß dieser älteste und schönste Reihentanz schon jetzt gespielt wird. In vorgerückter Nachtstunde nehmens die Apollojünger nicht mehr so genau; warum sollte auch die erste Vigelin nicht mal absetzen und einen Stärkungsschluck sich gönnen, quietscht die Klarinette ja doch die Melodie mit.

Leider können nur wenige den Großvatertanz noch. Wie soll man diesen schwierigen Reihentanz beschreiben? Halb Menuett, halb Kontra! In ernster gemessener Haltung drehen sich die Paare, meist sind's Grauhaarige. Schade, ewig schade, wenn der in Vergessenheit geraten würde! „As uſ' Großvader uſ' Großmudder nahm, da wär sei sine Brut!" Noch eine Tour — noch einmal rum! So —

das wär gemacht — die alten Knochen wollen doch nicht mehr so. — — —

Im tiefen Frieden der schneehellen Nacht promenieren fünf Mädchen untergehakt die Napoleonchaussee hinab. Leise, nach und nach verklingend hört man ihren zweistimmigen Gesang durch die verschneite Heideeinsamkeit:

„Schön ist die Jugend — bei frohen Zeiten —
Schön ist die Jugend — sie kehrt nie mehr.
Drum sag ich's noch einmal: schön ist die Jugend! —
Schön ist die Jugend — — sie kehrt nie mehr!" —

# Georg Schulze.

## 31. Barkmanns Lob.

Oberharzer Mundart.

Nu lott uns ahch äns singa!
Lott Schtimm un Zitter klinga!
Ä frehlich Lied, ä Harzer Lied,
Nacht wies von Harz zu Harzen gieht!

Su lank mant Tanne rauschen,
Su lank mant Wasser brauschen,
Soll huch geehrt dr Barkmann sein,
Glickauf, Glickauf! schtimmt alle ein!

Es Voterland zu schitzen,
Muß Flint un Savel blitzen,
Un denkt dr Fried wos Herrlichs aus,
Metall muß sein, denn wärd wos draus.

Dos wissen mir zu finden,
In allertiffsten Grinden.
Wos do de Ard mit Nacht bedeckt,
Än Barkmannsahg bleit nischt verschteckt.

Es Wasser muß uns diena,
Es Feier muß uns frihna,
Un gitts ne Kraft, ä Element,
Dr Barkmann krichts in seine Händ.

Drim, gitts de Ard net willig,
Mir sän net lank gedillig.
Es Feistel saust, dr Bähre klingt,
Dr Dünner kracht, dr Falsen schpringt.

Auschtraling soll sich wunnern,
Wenns unter sich härt dunnern,
Unn wenn dr Dorchschlohk is gemacht
Un Landsleit kumme raus zum Schacht.

Wie mieglich dos zu machen?
Dos sän denn unnere Sachen.
Wos schtrahleweh! Ihr wißt Beschäd,
Dr Barkmann kennt mant Mieglichkät.

Drim, weil mant Tanne rauschen,
Drim, weil mant Wasser brauschen,
Glickauf, Glickauf! schtimmt alle ein,
Soll huch geehrt dr Barkmann sein!

---

# Heinrich Sohnrey.

## 32. Palmsonntag.

Meine Kindheit hatte ihre Augen geschlossen. Der Tag, an dem sie ihren Abschied feiern sollte, den man als Kind in seiner Ahnungslosigkeit und Einfalt schon Jahre lang wie dürstend herbeisehnt, als wäre er das Tor ins wundervolle, wonnevolle Paradies, dieser Tag war nun endlich da und wurde alter Sitte gemäß mit drei langen Glockenschauern eingeläutet. Palmsonntag! Wie der Tag mit seinen verklingenden Passionsgesängen, seinen trotz der Karfreitagsnähe verblassenden Todesschauern, seinem großen Ahnen und Hoffen, wie dieser Tag mit seinen unter Amselgesang und jungem Grün sich stürmisch vorbereitenden Auferstehungsgedanken so wunderbar eigen mich berührt und rührt! Ich habe es in meiner Einfalt immer gar eigenartig schön und ergreifend gefunden, daß der Palmsonntag von unserer Heimatkirche seit jeher zur Konfirmation auserwählt war. —

Mein Konfirmationsanzug lag seit Jahren fertig in der Eichenlade. Meine drei älteren Geschwister, Margretchen, Hanneliese und Stineliese, hatten ihn schon bei ihrer Einsegung getragen. Gleichwohl erschien er so sauber, als wäre er zu meiner Konfirmation neu angefertigt worden. Der Vater, mit dem es allmählich wieder besser geworden war, öffnete die Lade, und ich nahm mit eigenem Gefühl die Erbstücke heraus: ein schwarzes Kleid mit kurzen Ärmeln, weiße wollene Armringe, ein weißes, mit Spitzen besetztes Halsgebinde, „Köllder" genannt, ferner ein kleines weißes Umhängetuch, eine weiße Schürze, ein halbseidenes Leibband und eine schwarze Bandmütze mit weißem Strich, der in Trauerfällen zur Stirn herniederhängen mußte.

Blaue Strümpfe mit bunten Zwickeln und ausgeschnittene Schuhe mit schwarzer Quaste auf dem Spann vervollständigten den Anzug. Die Schuhe wurden „Hackentuffeln" genannt, und sie waren keineswegs das Unwichtigste in meinen Augen, erhielt man doch mit dem Konfirmationstage gewissermaßen erst ein Anrecht auf diese Hackentuffeln. Ein schwarzes Sonntagskleid meiner Mutter hatte den Stoff zu dem Festkleide geliefert, weshalb dieses als ein altgeheiligtes Erbstück angesehen und so sorgsam aufbewahrt wurde, daß auch noch meine jüngeren Schwestern, Lorchen und Christine, darin eingesegnet werden konnten.

Es läuteten die Glocken, es rauschten die grünen Bäume vor den Türen der Kirche; von Prieche zu Prieche schlangen sich die duftenden Blumen- und Blattgewinde, am Altare standen grüne Palmen, und auf dem Altare brannten die großen Wachskerzen. Ein feierlicher Zug bewegte sich von der Schule in die Kirche. Wir Konfirmanden waren's, und uns voraus schritt der Pastor und der Lehrer.

Nachdem die Gemeinde gesungen hatte, knieten wir am Altare nieder und sangen unter leiser Begleitung der Orgel:

„Mein Schöpfer, steh mir bei,
Sei meines Lebens Licht;
Dein Auge leite mich,
Bis mir mein Auge bricht.
Hier leg' ich Herz und Glieder
Vor dir zum Opfer nieder
Und widme meine Kräfte
Für dich und dein Geschäfte.
Du willst ja, daß ich deine sei,
Mein Schöpfer, steh mir bei."

Es herrscht in Hilgenthal die gute alte Sitte, daß die Kinder das erste Abendmahl mit den Eltern gemeinsam nehmen. O lieber Gott — da bin ich die einzige Konfirmandin gewesen, die keine Mutter gehabt hat, und es sind heiße Tränen in meinen ersten Abendmahlskelch geronnen. Auch der Vater, der so ganz allein hinter mir stand, hat sich nur mit Mühe der Tränen erwehren können. Es ist ihm immer so gewesen, als müßte er die Mutter zur Seite haben.

Hernach ist freilich auch die Freude zu ihrem Rechte gekommen: ich freute mich mit meinen Kameraden, weil wir nun keine Kinder mehr wären und daß wir jetzt in Hacktuffeln gehen könnten — ach — und ich dachte nicht daran, wie grundlos diese Freude war und ahnte nicht, wie dornig und düster nun mein Lebenslauf werden sollte. Was der liebe Gott mir aber auch vorbehalten haben mochte, immer und allezeit sollte die große Inschrift vor meinen Augen stehen, die unser Seelsorger mir in der Stunde meiner Konfirmation an den Markstein meines jungen Lebens gesetzt hatte:

„Sei getreu bis in den Tod,
So will ich dir die Krone des Lebens geben."

## 33. Spruch.

Bauernfaust und Bauerngeist,
Ob auch selten man sie preist,
Sind des Staates Quell und Macht,
Sind die Sieger in der Schlacht.
Wohl dem Staat, der das bedacht.

# Lulu von Strauß und Torney.

## 34. Letzte Ernte.

Ich brachte in siebzig Jahren viele Ernten ein,
Dies soll mein letztes Fuder wohl gewesen sein!
Die Gäule scheuten am Tore, sie jagten mit Gewalt,
Ich schrie und riß an der Leine, aber mein Arm ist alt.

Vor ihren polternden Hufen der Staub flog auf wie Rauch,
Die Garben schleiften die Steine, — mein alter Rücken auch.
Mutter, was hilft das Weinen? Das ist nun, wie es ist,
Siebzig Jahre und drüber war doch eine schöne Frist!

Daß sie den Schmied nur holen, ein Eisen fehlt dem Roß,
Und hintern Hof am Tore, da ist ein Pfosten los,
Und daß sie nicht vergessen: da, wo die Pappeln stehn,
Im letzten Schlag am Berge, da sollen sie Roggen sän.

Kommt jeder an die Reihe, König, Bauer und Knecht!
Ist's unseres Herrgotts Wille, so ist es mir auch recht.
Was stehst du vor dem Bette und beugst dich drüber dicht?
Meinst du, Mutter, ich sähe die Totenlichter nicht?

Vier Lichter an der Lade, wie sich's zu Recht gehört,
Vier Pferde vor dem Wagen, der mich vom Hofe fährt,
Der weißen Klageweiber zween vor meiner Truh,
Im breiten linnenen Laken vom Kopf bis auf die Schuh!

Mutter, kommen die Kühe schon vom Kamp herein?
Die schwarze brüllt am Tore, da muß es Melkzeit sein.
Ich höre die Knechte singen vor der Dielentür, —
Morgen um Feierabend bin ich nicht mehr hier!

Viel Hände braucht die Ernte. Der Herrgott hats gewußt.
Gottlob, daß ich nicht früher habe fortgemußt!
Und wenn ich Feierabend heute machen soll, —
Gemäht sind die letzten Ähren, und alle Scheuern voll!

## 35. Wetter.

Die Wolkenbank wächst stählern blau,
Das braut, als will's zu Nacht gewittern!

Feldüber scheint in stumpfem Grau
Der hohen Pappeln ruhlos Zittern.

Schrill schreit der Regenvogel her
Vom Heckenwall der Weißdornblätter,
Halm über Halmen beugt sich schwer
Das falbe Korn dem nahen Wetter.

## 36. Des Schiffers Brief.

Mir ist die Feder schwer in meiner Hand,
Und bin dem Herrn Pastor ganz unbekannt,
Und will und muß dem Herrn Pastor doch nun
Den harten Trauerfall zu wissen tun,
Von dem mit Johann Klahren Weib und Kind
Wir alle mitbetroffen sind.

So schreibe denn und bitte erst zuvor
Ich, Schiffer Jürgen Jens, den Herrn Pastor,
Hans Klahren, unseres Bruders, Frau und Kindern
Den bittern, bittern Schmerz zu melden und zu lindern.
Der Menschen Tage fahren hin wie Schemen,
An uns ist's morgen auch, — was hilft das Grämen?

Den Lieben und den Werten allen:
Es hat Gott dem Allmächtigen gefallen,
Hans Klahren, unsern guten Kameraden,
Sehr schnell vor seinen Stuhl zu laden.
So will ich nun vor Gott und Menschen sagen,
Wie dieser jähe Tod sich zugetragen,
Und ich und meine Maaten sind bereit,
Dies zu bekräftigen mit unserm Eid.

Denn auf Martini hatten wir Klock acht
Das Schiff zur Heimatreise klar gemacht,
Und wuschen just das Deck nach Seemannsbrauch,
Wir unser sieben Mann, und Johann Klahre auch,
Und war die Luft so klamm, daß uns die Finger froren,
Und klatschte uns der Regen um die Ohren.

Wir scheuerten an Backbord unser zwei,
Da kam Hans Klahre dicht an uns vorbei:
„He, Maat, ein frischer Tag!“ und lachte noch,
Und zog am Fallrepp sich die vollen Eimer hoch.

Die Slup, die lief so vor dem Winde fort,
Da kam mit eins der Ruf: „Mann über Bord!“
Ich fuhr herum. Ich sah nicht, wer es war.
Ich sprang sofort ans Steuer: „Boote klar!“
Ich griff mit zu und bog mich übern Rand
Und sah da einen Kopf und eine Hand.

„Hans, faß die Leine!“ tat ich einen Schrei.
Da griff die Hand, — und griff, — und griff vorbei.
Er kam noch einmal hoch in seiner Not,
Dann schwand er vor uns weg, ganz dicht am Boot.
Und währte einen kurzen Augenblick,
So stand er schon vor Gott. Das Boot kam leer zurück.

Wir sprechen ein Gebet für unsern Kameraden:
Gott nehme seine Seele an zu Gnaden. —
Weiters vom Seemannsamt. Es ist mir hart gewesen.
Ich bitte Herrn Pastor, den Brief hier vorzulesen.
Gott mit uns allen! Freitag früh an Land,
Ich, Schiffer Jürgen Jens, mit meiner eignen Hand.

---

# August Tecklenburg.

## 37. Die Schlacht bei Soltau.

Als Kaiser Maximilian I. starb, brach zwischen dem Bischof Johann von Hildesheim und den Adeligen seines Landes eine unheilvolle Fehde aus, die Hildesheimer Stiftsfehde, die weite Strecken Niedersachsens arg verwüstete. Die Stiftsjunker traten zu einem Bunde zusammen, mit ihnen Herzog Heinrich von Braunschweig-Wolfenbüttel, dessen fehdelustiger Bruder Franz, Bischof von Minden, und Herzog Erich I. von Kalenberg-Göttingen. Auf des Bischofs Seite traten Herzog Heinrich der Mittlere von Lüneburg und dessen Schwiegersohn, Herzog Karl von Geldern, sowie die Grafen von Hoya, Diepholz, Schaumburg und Lippe, dazu die Städte und einige Adelige seines Landes.

Es war am 29. Juni 1519; da standen sich die Gegner zwischen den Dörfern Langeloh und Valensen bei Soltau gegenüber. Heinrich von Lüneburg, der die Gegend am genauesten kannte, hatte auch am glücklichsten die Örtlichkeit benutzt und einen Teil seines Heeres in einen Hinterhalt gelegt. Das Heer der Braunschweiger war in der Front durch einen Morast, in den Flanken durch seine Wagenburg und sein Geschütz gedeckt. Ohne Zögern schritten die Lüneburger zur Schlacht. Herzog Heinrich kniete dreimal mit seinen Scharen zum Gebete nieder; dann ermahnte er sie, ritterlich für das Fürstentum zu streiten, und stellte sich nun mit dem Bischof Johann an die Spitze der Reiter. Mit ihrem Adel, 300 Pferden, dem Hauptbanner und 12 Fähnlein Knechten griffen sie den aus 2000 Knechten bestehenden verlorenen Haufen an. Tapfer widerstanden die Braunschweiger! Aber die Menge der Krämer und Kaufleute und die mitgeschleppte Beute verbreitete alsbald Verwirrung. Da brachen die geldrischen Reiter aus dem Hinterhalt hervor und umzingelten das braunschweigische Geschütz; zugleich drang das inzwischen herangekommene Fußvolk in die Reihen der Feinde und brachte die 5000 Knechte des feindlichen Gewalthaufens zum Wanken. Hans von Steinberg, tief in ihre Reihen einsprengend, entriß dem Feinde das Hauptbanner, und weder Herzog Wilhelm, ein Bruder Heinrichs des Jüngern, noch der tapfere Erich vermochte die Fliehenden zum Widerstande zu bewegen. Nach dreistündigem Kampfe war der Sieg für Lüneburg entschieden, und nach allen Seiten verfolgten die hildesheimschen und geldrischen Reiter die flüchtigen Braunschweiger. 4000 Tote bedeckten die Walstatt. Heinrich und Franz eilten auf flüchtigen Rossen in das benachbarte Verdensche und fanden auf dem festen Schlosse Rotenburg ihre Sicherheit. Nur

Herzog Erich hielt festen Stand und wehrte mit kräftiger Faust den immer mächtiger werdenden Andrang ab. Schon bei Beginn der Schlacht hatte er zu Herzog Heinrich gesagt: „Vetter, reit, es ist Zeit; meine gelben Sporen wollen's nicht leiden, daß ich reite." Dieser war dann geflohen: aber Herzog Erich, „der schon mehr bei solchem Schimpf gewesen war," focht ritterlich, selbst als schon alles verloren war.

Vom Pferde geworfen, ward er von seinem Getreuen, dem langen Heinz, wieder beritten gemacht. Ein lüneburgischer Ritter verwundete den Helden am Oberschenkel; doch er saß tapfer im Sattel und führte den verzweifelten Kampf noch eine Weile fort, bis das aus der Wunde strömende Blut die Kraft erschöpfte. Da sprengte der Herzog auf einen geldrischen Ritter an und reichte ihm das Schwert zum Zeichen, daß er sein Gefangener sein wolle. Wilhelm von Wolfenbüttel erhielt, nachdem er bis zur gänzlichen Ermattung gekämpft, einen Schlag mit dem schweren Streitkolben durch Harnisch und Panzer, sprengte in Valensen mit seinem edlen Roß über einen manneshohen Torweg in einen Bauernhof und mußte sich dort dem Ritter Lubrecht von Wrisberg ergeben.

Das war ein köstlicher Sieg für die Lüneburger! Zwei Fürsten, mehrere Grafen, 136 Ritter, mit ihnen 400 reisige Pferde gefangen! Der Rest des Heeres war versprengt. Sämtliches Geschütz und eine ungeheure Beute fielen in der Sieger Hände. „Es waren auch 1000 Wagen mit Raubgute beladen, der anderen Wagen waren auch wohl nicht weniger, dabei viele Kaufleute waren, die verkauften in der Eile ohne Geld." Zudem fielen 8000 Pferde und 16 000 Gulden in die Hände der Hildesheimer und Lüneburger. Alter Sitte gemäß lagerten die Sieger drei Tage lang auf dem blutig erstrittenen Schlachtfelde. Dann ging es an die Verteilung der Beute und der Gefangenen. Bischof Johann wünschte, von Celle aus sofort in das braunschweigsche Land einzufallen. Aber Heinrich von Lüneburg, der frühern Freundschaft mit dem Vetter gedenkend, wehrte ihm. Dennoch würde der Bischof von seinem Vorhaben nicht abgelassen haben, wenn nicht der Edle Hans von Steinberg dagegen ernste Vorstellungen gemacht und der Bürgermeister von Hildesheim, Heinrich Kettelrandt, gedroht hätte, für den Fall eines Angriffs auf Braunschweig dem Herrn alle Zufuhr zu versagen. Umsomehr rüstete der Bischof zu einem prunkenden Einzuge in Hildesheim. 14 Tage nach der Schlacht ritt er in voller Rüstung, in Begleitung der verbündeten Grafen, an der Spitze seiner Reisigen, Bürger und Knechte in die alte Bischofsstadt ein, begleitet von dem langen Zuge der eroberten Geschütze. Hans von Steinberg führte die gewonnene Braunschweiger Hauptfahne, trug sie in den Dom, und alle die Fürsten, Grafen und Herren samt einer unzähligen Menge Volks folgten. Dann erbrauste das Tedeum durch den Dom. Die Fahne und Erichs Schlachtschwert wurden zum Gedächtnis auf dem hohen Chore im Dome zu Hildesheim aufgehängt.

## 38. Der Reiterkampf bei Mars la Tour.

Schon beginnt der Tag sich zu neigen, da tauchen hinter dem rechten französischen Flügel bei Ville sur Yron große feindliche Reitermassen auf. General von Rheinbaben erhält den Befehl, mit dem 1. hannov. Ulanenregiment Nr. 13, dem 4. Kürassier-, dem Oldenburger Dragonerregiment Nr. 19, dem 13. Dragoner-, dem 10. Husarenregiment und dem 2. hannov. Dragonerregiment Nr. 16 die rechte Flanke des Feindes zu umgehen und alles niederzureiten, was sich in den Weg stellen würde. Im scharfen Trabe geht's um das brennende Dorf Mars la Tour herum, voran die Oldenburger Dragoner (Nr. 19), dahinter die hannoverschen Ulanen (Nr. 13), dann die Kürassiere. Da heißt es: „Westlich der Straße Mars la Tour-Jarny fünf feindliche Reiterregimenter!" Das macht jedes Reiterherz höher schlagen, und lauter Jubel geht durch die Reihen, als man von der nächsten Anhöhe die glänzenden feindlichen Reitergeschwader erblickt

Husaren, Chasseurs, Garde-Lanciers und Kaiserin-Dragoner stehen in zwei Treffen: voran die Garde-Lanciers und Dragoner, dahinter die Kaiserin-Dragoner mit blinkenden, Roßschweif gezierten Stahlhelmen und die Chasseurs d'Afrique.

Trompetensignal! Die Oldenburger brausen wie ein Ungewitter auf den Feind. Welch glänzende Attacke! Sie bezahlen den Ruhm derselben mit 9 Offizieren, 104 Mann und 99 Pferden. Und nun ans zweite Treffen! Oberst von Schack, der Kommandeur der hannoverschen Ulanen, hält auf bereits verwundetem Pferde weit vor der Front seines Regiments, mit ihm sein Trompeter Behrens. Noch halten die Reiter. „Deployieren!" ruft die Trompete. In die Geschwader kommt Bewegung; sie ziehen sich auseinander, füllen den Raum zwischen Straße und Yronbach. Horch! Ein neues Signal: „Galopp!" Und über das Feld braust's wie ein Gewittersturm. Weit voran noch immer der Oberst von Schack mit seinem Trompeter. Immer näher kommen die feindlichen Reihen; und immer heftiger wird das schwerverwundete Pferd. Jetzt ist der rechte Augenblick. „Marsch, Marsch!" befiehlt der Oberst; und indem die schmetternden Töne der Trompete die Ulanen zum Sturmangriff anfeuern, stürmt der Oberst von Schack mit lautem Hurra vorwärts, allen weit voraus, in die feindlichen Geschwader, hinter ihm sein Trompeter. Hindurch jagt er zwischen feindlichen Dragonern — dann aber entschwindet er den Blicken seines Begleiters — auf immer. Eine tödliche Kugel reißt das Pferd des Trompeters nieder, und es begräbt im Fallen seinen Reiter unter sich. Mit begeistertem Hurra folgen ihrem Führer jetzt die Schwadronen, und die Pferde, von gleichem Kampfesmut beseelt wie die Ulanen, tragen ihre Reiter frisch in den Feind. Da kracht eine Salve! Sie ist zu hoch gerichtet und geht über die Köpfe der Unsern hinweg. Als sich der Pulverrauch verzogen, haben unsere Ulanen die französischen Kaiserin-Dragoner unmittelbar vor sich. Fast lauter hünenhafte Gestalten, durch Stahlhelm und Roßschweif vergrößert, auf schweren und ungeschickten Pferden. Noch am Morgen sind sie von Napoleon selbst zu größter Tapferkeit ermahnt. Als nun der Anprall unserer Ulanen erfolgt, da beginnt jenes Handgemenge, jene mêlée infernale, bei der die Dragoner, die meist sehr lose im Sattel sitzen, in Masse von den Pferden heruntergestochen werden. Die Lanze erweist sich dabei in den Händen der hannoverschen Ulanen als eine furchtbare Waffe.

Während so auf dem äußersten linken Flügel durch das Eingreifen der Ulanen und Kürassiere das Gleichgewicht hergestellt wird, erfolgt auf die Mitte ein neuer Angriff. Ihm trat das 2. hannoversche Dragonerregiment Nr. 16 entgegen; es stürzte sich mit entfalteter Standarte auf den Feind. Mitten im Kampfgewühle hält der Oberst v. Waldow und neben ihm der Stabstrompeter Lichte. Plötzlich sprengt von der Seite heran, unbemerkt, ein französischer Offizier von den Chasseurs d'Afrique, hält die Pistole gerade auf den Kommandeur gerichtet. Das sieht noch eben der Stabstrompeter, wirft mit Blitzesschnelle sein Pferd herum und schlägt mit raschem Säbelhieb den Arm des feindlichen Offiziers nieder. Der schon sich entladende Schuß verfehlt sein Ziel. Oberst von Waldow ist gerettet. Und weiter reitet der Oberst in der Mitte seiner Dragoner hinein in das unbeschreibliche Durcheinander. 22 deutsche Eskadrons kämpften gegen 25 französische. Immer tiefer sinkt die Sonne am westlichen Himmel und beleuchtet mit blutigen Strahlen das weite Feld. Jetzt lösen sich einzelne französische Reiter ab und fliehen nach Norden; ihre Zahl wird größer und größer; die Reihen wanken und weichen, und die zurückflutende Welle reißt noch vier vordringende französische Eskadrons mit sich fort. Der Verfolgung durch unsere Reiter setzt französisches Infanterie- und Artilleriefeuer ein Ziel; aber die feindliche Kavalleriemasse ist vom Schlachtfelde gefegt, die Gefahr für den linken Flügel beseitigt, und der Sieg des Tages neigt sich unsern Fahnen zu.

# Luise Westkirch.

## 39. Der Torfstich.

Wer zum erstenmal ein Moor betritt, dem fällt vor allem andern der tiefe Feiertagsfrieden auf, der darüber zu liegen scheint. Freundlich und festlich zugleich leuchten die weißen Stämme der Birken, die in schnurgeraden Alleen die blanken Kanäle begleiten. Zur Seite dieser Alleen mit den tief eingefahrenen Gleisen im weichen Grunde liegen die Höfe der Kolonien, breit und behäbig, mit Raumverschwendung gebaut, die vor Kälte und Hitze schirmenden Strohdächer tief herabgezogen über die kleinen blanken Fenster, kühn geschnitzte Pferdeköpfe an den Giebeln und jeder einzelne wie in ein Wäldchen eingebettet in seinem Kamp von Eichen und Edeltannen, die der winterlichen Stürme Gewalt brechen und die sommerlichen Blitze auffangen. Seine Gärten, seine Wiesen, seine Felder umgeben jedes Besitztum. Dadurch zieht sich die einzige Straße einer Kolonie oft stundenweit den Birkenweg entlang.

Aber auf der andern Seite des Kanals dehnt sich das wilde Moor endlos, unübersehbar im dichten Wollteppich seines Heidekrauts, den nur ab und zu junger wilder Birkenbusch, ein bleifarbener Wassertümpel oder ein schwarzbrauner Haufe hochgeschichteter Törfe unterbricht. Hase und Birkhuhn treiben ihr Wesen hier. Der Fuchs schnürt vorsichtig sichernd über die federnden Schollen. In den feuchten Gründen nistet das Volk der Vögel, Wildenten, Regenpfeifer, Kiebitze, Möwen; der Storch stelzt gravitätisch durch das Sumpfland, und in Wolkennähe ziehen große Raubvögel ihre Kreise. Die Einsamkeit lockt sie, der ungeheure Horizont, unter dem Mensch und Tier verschwinden, so daß es aussieht, als rege sich auf der weiten Fläche kein Leben, als zögen die schnurgeraden Birkenalleen sich leer in die Unendlichkeit. Wenn die Sonne freundlich auf dem leichten Hängelaub schimmert, blauer Himmel sich zugleich mit den weißleuchtenden Stämmen im träg ziehenden Kanalwasser spiegelt, wenn die blühende Heide purpurn flammt und das Flockengras auf den Tümpeln silbern leuchtet, dann gewinnen die Einsamkeit und die tiefe Stille etwas Festliches. Wie ein ewiger Sonntag liegt es dann über dem Lande. Doch der Schein trügt. Nicht auf der Geest, nicht in der Heide noch in den Marschen wird so hart, so rastlos, so im Übermaß gearbeitet wie in den niederdeutschen Mooren — besonders zur Zeit der ihnen allein eigentümlichen Ernte, der Torfernte. Der schwere, schwarzbraune Brenntorf, der in den Niederungen der Elbe, Weser und Ems zur Winterszeit die Öfen heizt, wird einzig hier gewonnen.

Ende März schon beginnt der Stich, sobald nur die Schneeschmelze vorüber ist, sobald die Frühjahrsgewässer, die oft große Verheerungen anrichten, durch die unzähligen Wasseradern, die das ganze Land durchziehen, durch die zu reißenden Flüssen angeschwollenen Kanäle abgeflossen sind zur Hamme, zur Weser, zur Nordsee. Wohl dem Bauern, dessen Torfland dicht bei seinem Hofe liegt, der um Mittag heimkehren kann, wo ihm über dem Feuerloch in dem mit kunstvoller Steinmosaik gepflasterten Boden des Fletts der schwarzberußte Kessel mit der Buchweizengrütze dampft, oder der wenigstens nur über Mittag fortzubleiben braucht, dem der Abend eine warme Mahlzeit bringt, und der für die Nacht seine müden Glieder auf den Federpfühlen seines Wandbettes ausstrecken darf. Viele Bauern haben ihr Torfland stundenweit draußen im wilden Moor. Da zieht die Familie denn gleich für die ganze Woche aus, Vater, Mutter, Kinder, die Knechte, die Mägde, was die Arme rühren kann. Nur die Alten, die Bresthaften, bleiben daheim, versorgen das Vieh, warten die Wiegenkinder.

Beim ersten Tagesstrahl ziehen sie fort, das Arbeitsgerät auf der Schulter, in der Kiepe auf dem Rücken den Mundvorrat für sechs Tage: selbstgebackenes Brot, ein Stück Speck oder Wurst, Butter, Käse, kalte Buchweizenpfannkuchen, zwei Finger dick, und für den Durst viele Flaschen

Buttermilch. Rasch wird von Torf eine Hütte errichtet oder ein Zelt von Segelleinen als Schlafstätte und Schutz vor äußerster Wetterunbill. Dann geht's ans Werk. Nicht die Uhr mißt den Arbeitstag, sondern die Sonne, die täglich früher aufgeht und später in die Moornebel sinkt. Die Glieder werden steif und die Zungen träg in dem schweren Schaffen in strömendem Regen und bei stechender Sonne. Kommt das Ende der Woche, dann ist das Brot trocken oder verschimmelt, die Butter ranzig, das Salzfleisch aufgezehrt. Von den Buttermilchflaschen fliegen die Pfropfen von selbst dem Durstigen entgegen, laut knallend wie Champagnerpfropfen, so weit ist die Gärung drinnen vorgeschritten. Nicht lockend ist solches Mahl. Aber die Hungrigen, Übermüdeten schlingen es hinunter, wissen kaum, was sie essen. Am Sonnabendnachmittag ziehen alle heim. Dann findet vor allem große Wäsche statt, das Leinenzeug wird gewechselt, die blauen Kittel der Männer, die selbstgewebten Röcke der Frauen. Darauf geht's in die Betten zum Schlafen, nicht für die Nacht nur, nein, den ganzen Sonntag lang. Sogar die jungen, lebenslustigen Burschen kommen nur zum Vorschein, um zu essen. Die halbwüchsigen Jungen und Mädchen laufen nicht zum Spiel. Sie liegen und schlafen. Die ganze Kolonie schläft. Stille um alle Gehöfte, nur die Fliegen summen, die Kühe brüllen. Mit dem ersten Morgengrauen am Montag beginnt die Arbeit von neuem und Tag für Tag, Woche für Woche, bis Johannistag.

Wer einen der schwarzen, wie ein Ziegelstein geformten Törfe in der Hand hält, ahnt nicht die Mühe, die seine Gewinnung kostet. Denn dieser Torf liegt nicht an der Oberfläche wie der lockere Torf der Geest. Häufig deckt ihn fußhohes Wasser. Auf einer Leiter muß man zu ihm hinuntersteigen, bis zu den Hüften im schlammigen Tümpel stehend ihn losstechen, loshacken, ausgraben zwischen den wunderlich verschlungenen Wurzelballen vorzeitlicher Bäume. Wer unten steht, schleudert die triefende, schwarze Masse auf den Uferrand des Torflochs, ein anderer schaufelt sie in einen niedrigen vierrädrigen Karren, ein dritter fährt den Karren dorthin, wo der Torf „gebacken“ wird. Die Karren laufen auf Holzschienen. Der weiche Moorboden würde sonst ihr Gewicht nicht tragen. Der Zubereitungsort ist eine ganz ebene Fläche von fünfzig bis hundert Metern im Geviert, möglichst nahe dem Torfstich. Dorthin laufen die Schienen, dort entleert der Führer den Wagen, indem er ihn nach der Seite umkippt. Schon erwarten ihn die Frauen in ihren dunklen Röcken mit den hellen Schürzen, auf dem Kopf die lustigen, über ein Gestell gespannten Kopftücher, die sie bei der Feldarbeit als Sonnenschutz tragen, an den Füßen die festen Holzschuhe, ohne die nicht Mann noch Weib im feuchten Moor auskommt. Mit weitzinkigen Gabeln fassen sie die Torfmasse, zerren sie auseinander, breiten sie längs der Schienen zu einer ebenmäßigen, nicht zu hohen Schicht aus. Das ist Frauenarbeit. Dann kommen Männer heran. Kräftige junge Männer mit ungewöhnlich großen Holzschuhen, den „Holschen“ angetan — in manchen Kolonien freilich auch mit bloßen Füßen oder mit Stiefeln ohne Sohlen — steigen auf die ausgebreitete Torfmasse, und indem sie darauf hin- und herspringen und stampfen, zertreten sie sie zu einem dickflüssigen Brei, der sogleich über die ganze zum Torfmachen bestimmte Fläche geharkt und gekratzt wird. Immer neuer Torf wird ausgestochen, herbeigefahren, zertreten und über den ersten gebreitet, bis der schwarze Schlamm den Boden über fußhoch bedeckt. Dann beginnen alle, die torfstechenden Männer, die Weiber, die Kinder, in den mächtigen Holschen auf der weichen Masse wie auf einer Schlittschuhbahn munter umherzulaufen und zu gleiten, um durch rüstiges Treten und Springen sie noch einmal gründlich durchzukneten. Wie ein lustiger Tanz nimmt sich dies aus und ist auch wohl des Torfstechens lustigster Teil. Die Burschen schlagen die Arme unter, geben sich kühne und malerische Stellungen, um den Dirnen zu gefallen, die ihrerseits sich bemühen, ihre Füße in den ungeheuren Holzpantoffeln mit Anmut zu bewegen.

Scherz und Neckworte fliegen hinüber und herüber. Die Erinnerung an die winterlichen Dudelmusiken, die Tänze auf Hochzeiten und Kindelbieren wacht auf, und die in Mühe und Arbeit stumm gewordenen Lippen werden wieder beredt.

Ist der Torf zu einem ebenmäßigen Brei zertreten, so wird seine Oberfläche mit eisernen Kratzeisen sorgfältig geglättet. Dann muß er eine Weile stehen zum Austrocknen. Soll noch mehr Torf gestochen werden, so breitet man den auf einem anderen Fleck aus. Sobald die Masse genug eingetrocknet ist, um eines Menschen Gewicht zu tragen, werden in gleichmäßigen Abständen lange Bindfaden kreuz und quer stramm darübergezogen, je nach der Größe, die man den Törfen geben will. Wieder steigt ein Mann in Holschen auf den Torfboden und tritt vorsichtig und sauber die Bindfaden in ihn hinein, so daß schnurgerade, sich kreuzende Einschnitte entstehen. Genau in diesen Einschnitten wird der Torf die Länge und die Quere bis auf den Grund des Lagers zerschnitten und losgestochen, wobei er von selbst in die länglich viereckige Ziegelsteinform auseinanderfällt. Frauen schichten ihn zum Trocknen. Sie stellen zwei Törfe auf die schmale Kante und legen den dritten als Dach darüber, etwa wie spielende Kinder aus den Steinen ihres Baukastens Tore bauen. In endlosen Feldern stehen die Törfe so in der Einsamkeit des wilden Moors. Kinderhände wenden wochenlang jeden einzelnen immer von neuem, damit Wind und Sonne ihn von allen Seiten bestreichen. Fühlt er sich endlich von innen und außen hart und trocken an, so wird der Torf zu großen Haufen aufgeschichtet und bleibt in Sonne und Wind noch immer nachtrocknend stehen bis zur Verschiffung im Herbst.

# Verschiedenes.

## 40. Vom Volksaberglauben.

Es hat sich noch ein gut Teil Aberglauben aus längst vergangenen Tagen bei uns erhalten, von dem ich hier einiges erzählen will. Nicht überall zündet man am ersten Ostertage die Feuer an, an manchen Orten geschieht das zur Sommersonnenwende. Will nun ein Bauer sein Vieh vor Krankheit bewahren, so muß er einen angebrannten Pfahl vom Feuer mitnehmen und ins Tränkfaß stecken, woraus das Vieh zu saufen bekommt. Will er sein Vieh vor Hexen schützen, die es ja noch immer geben soll, so hängt er ein Büschel Dill über die Stalltür.

Der Hund bietet besonders Anlaß zu allerlei Aberglauben. Frißt er Gras, so wird's bald regnen, scharrt er mit den Füßen, so wird bald ein Hausbewohner krank, wenn der Hund aber recht kläglich heult, so wird's im Dorfe brennen. Die Katze putzt sich in der Tür, es gibt Besuch, sie putzt sich sogar mit ihren Pfötchen über die Ohren hinaus, der Besuch wird ein vornehmer Besuch sein. Ist die Katze schwarz, so bringt sie Glück.

Die Schwalbe wird gern gesehen, und ihr Nest findet im Kuhstall den höchsten Schutz; sie bringt Glück, wer mal eine Schwalbe tötet, den sieht keiner mehr an, es würde auch kaum geschehen. Fällt eine junge Schwalbe aus dem Nest, so wird im Hause bald jemand sterben. Dann ruft auch das Käuzchen bei Nacht: Komm mit, es will dann jemand holen. Der Schinken darf nicht eher angeschnitten werden, bis der Kuckuck ruft. Die Kinder freuen sich über das Marienkäferchen, es bringt Glück, ferner muß im Winter eine Fliege in der Stube übrig bleiben, die bringt dann auch Glück ins Haus.

In der Nacht auf den ersten Ostertag wird das Wasser Wein, viele Leute tragen sich ein Faß voll Osterwasser und heben es sich auf. Es vertreibt die häßlichen Sommersprossen und ist gut für mancherlei. Wird einer im Dorfe beerdigt und die Turmuhr schlägt gerade während des Trauergeläuts, so wird bald wieder eine Leiche sein. Daß aber bei stark blutenden Wunden Spinngewebe oder gar gekautes Brot ein sicher wirkendes Gegenmittel sei, das will uns doch nicht recht einleuchten.

## 41. Bastlösereime.

Das war jedesmal eine große Freude im Dorfe, wenn die Weiden am Bach frischen Saft erhalten hatten. Dann ging das Pfeifenmachen an, und bald erschallten im Dorf und auf dem Anger in allen Tonlagen die Klänge der Pfeifen, die sich Knaben und Mädchen schnitzten. Doch nicht jeder kann das, erstens gehört Geschick dazu, und dann muß man beim Lösen des Basts ein Verslein sprechen. Wer das nicht kann, dem gelingt die Pfeife nicht. Damit nun der Bast heil als kleine Röhre vom Holze loskommt, singen die Kinder dieses Verslein:

Kloppe, kloppe Pfiefchen,
Witte nich gerote,
Kämmet Hans Bote,
Schlätt dich in Nacken,
Fliegste in Graben,
Frässen dich die Micken und de Maden;
Kümmt der Hund,
Macht dich bunt,
Kümmt das Kalb,
Frißt dich halb,
Kümmt die Katze,
Satt nich platze!

So singen die Kinder am Südharz, in der Heide haben sie auch ihr Zaubersprüchlein, daß die Pfeife gerät, da singen sie:

Piep, piep, pei
Mak mal Reih!
Dat't nich ritt
Dat't nich splitt,
Dat't ock keinen Schad'n deit,
Dat't ock gaud rünner geit.

## 42. Rätsel.

1.

Baben dick, un'n spitz;
Swart is datt Napp,
Rot is de Sack,
Wo de geele Piep in stack.

2.

Watt kann de ganze Welt bedeck'n
Un doch nich äwert Water reck'n?

3.

Hinner usen Huse
Wahnt Peter Kruse
Hatt näg'n Hüt',
Bitt alle Lüd.

4.

Watt kümmt tauerst in'e Kerken?

5.

Watt kümmt upp'n Kopp in'e Kerken?

6.

Watt kümmt verquer in'e Kerken?

# Erläuterungen.

Die mundartlichen Stücke sind in der Schreibart der Verfasser aufgenommen, weil die Mundarten zu verschieden sind, so daß sich kaum eine Einigung herbeiführen läßt.

Zu Nr. 1 (Droste-Hülshoff, Das Haus in der Heide) Sterke = Mutterkalb. Goldgrund: Die ältesten Gemälde haben nur einen goldenen Hintergrund.

Zu Nr. 3 (Freudenthal, Hermann Billung): Stübeckshorn ist ein Heidehof bei Harmelingen in der Nähe von Lüneburg.

Zu Nr. 5 (Freudenthal, Wie es heute in Bardowieck aussieht): Zippelhaus nach den Zwiebeln genannt, die dort aufbewahrt wurden.

Zu Nr. 6 (Freudenthal, Dat Stöhrkrüz bi Heidenhoff): Der Heidenhof liegt an der Landstraße von Soltau nach Bispingen. Heel = sehr. Süchde so swaren = seufzte so schwer. Gott's Will un Gott's Wäer = Es ist Gottes Wille und Wetter.

Zu Nr. 7 (Grimm, Der Roßtrapp und der Kreetpfuhl): Die genannten Burgen liegen als Ruinen am Ostrande des Harzes.

Zu Nr. 14 (Häusser, Die Erstürmung von Halberstadt): Meyronnet, Oberst des westfälischen Regiments, ein Abenteurer. Korfes, damals Major, führte die Braunschweiger nach des Herzogs Tode, an ihn erinnert das Korfesdenkmal und die Korfesstraße in Braunschweig. Gemeint = sie waren der Meinung.

Zu Nr. 15 (Häusser, Das Gefecht bei Ölper): Reubel, General, einer der unfähigen Lieblinge Jerômes. Der Freiherr von Thielmann führte 1809 als sächsischer Oberst das westfälisch-französische Hilfskorps. Als er nach der Schlacht bei Lützen im Mai 1813 auf Befehl des Königs von Sachsen die Festung Torgau den Franzosen übergeben sollte, legte er das Kommando nieder und trat erst in russische, dann in preußische Dienste Er starb zu Koblenz 1824 als kommandierender General des 8. Armeekorps. Gratien war Führer einer Division.

Zu Nr. 20 (Henniger und v. Harten, Der wilde Jäger im Solling): Grimmerfeld liegt eine Stunde von Delliehausen im Solling.

Zu Nr. 21 (Löns, Jürn): Machangel = Wacholder, Brahm = Ginster, schmustern = schmunzeln, knütten = stricken, Pla ten = Torf, Rauk und Pupphahn sind sehr seltene Vögel, benaud = beklommen, Fuhrenbesamung = Föhrenschonung, Mascher = Anwohner der Masch in Celle, wo früher auch Zigeuner hausten, Stucken = Baumstümpfe.

Zu Nr. 22 (Löns, An den Ufern der Örtze): Fallingbostel, „Das Paradies der Heide", Munster ist der Truppenübungsplatz des X. Korps. 11. Juni 1388 Schlacht bei Winsen, die den Lüneburger Erbfolgekrieg zu Gunsten der Braunschweiger entschied.

Zu Nr. 30 (Schönhagen, As uſ' Groszvader uſ' Groszmudder nahm): Missentür = Tür nach der Diele. Wiemen ist eine Stange zum Aufhängen des Rauchfleisches.

Zu Nr. 31 (Schulze, Barkmanns Lob): Der Refrain Fallera ist weggelassen. Zitter ist die Zupfgeige des Oberharzers, mant = nur, Barkmannsahg = Bergmannsauge, frihna = fröhnen, dienen, gedillig = geduldig, Feistel und Bähre sind Schlegel und Eisen, die Werkzeuge des Bergmanns. Auschtraling = Australien, Dorchschlohk = Durchschlag, Durchbruch, Schtrahleweh aus Strahl (Blitz) und Wehe, ein Ausruf der Bewunderung.

Zu Nr. 32 (Sohnrey, Palmsonntag): Prieche = Empore.

Zu Nr. 41 (Bastlösereime): witte = willst du, gerote = geraten, kämmet = kommt, Hans Bote, vielleicht der Dorfbüttel, schlätt = schlägt, satt = sollst, ritt = reißt, splitt = splittert.

Zu Nr. 42 (Rätsel): Auflösungen: Gelbe Wurzel. Schnee. Zwiebel. Schlüssel. Schuhnägel. Täufling.

## Die Verfasser und die Quellen.

Droste-Hülshoff, Annette Freiin von, geb. 12. Jan. 1798 in Hülshoff bei Münster, † 24. Mai 1848 in Meersburg am Bodensee. Nr. 1. (Gedichte, C. Bertelsmann, Gütersloh.)

Ernst, Otto, geb. 7. Okt. 1862 zu Ottensen bei Hamburg, lebt in Groß-Flottbeck bei Hamburg. Nr. 2. (Asmus Sempers Jugendland, L. Staackmann, Leipzig 1906.)

Freudenthal, August, lebte in Achim im Kreise Verden und starb am 6. August 1898. Nr. 3, 4, 5, 6. (Heidefahrten 1 u. 2. Band, M. Heinsius Nachfolger, Bremen 1890.)

Grimm, Brüder: 1. Jakob, geb. 4. Januar 1785 zu Hanau, † 20. Sept. 1863 zu Berlin; 2. Wilhelm, geb. 24. Febr 1786 zu Hanau, † 16. Dez. 1859 zu Berlin. Nr. 7. (Deutsche Sagen, 2 Bde., Berlin, 1816—1818.)

Günther, Friedrich, geb. 23. Sept. 1843 zu Bockenem, lebt als Schulinspektor zu Clausthal. Nr. 8, 9, 10, 11 (Der Harz in Geschichts-, Kultur- und Landschaftsbildern, Hannover 1888, Karl Meyer.)

Guthe, Hermann, geb 22. August 1825 zu Andreasberg im Harz, † 29 Jan. 1879 als Professor in München Nr. 12. (Die Lande Braunschweig und Hannover, Hannover 1880, Klindworth's Verlag.)

Häusser, Ludwig, geb 26. Okt. 1818 zu Kleeburg im Unterelsaß, † 17 März 1867 zu Heidelberg als Professor der Geschichte Nr 13, 14, 15, 16. (Deutsche Geschichte, Dritte Auflage, Dritter Band, Berlin, Weidmannsche Buchhandlung.)

Henniger und von Harten, Karl Henniger, geb. 30 Sept 1874 zu Adenstedt, lebt als Lehrer in Hannover und

J. von Harten, geb. 31. März 1867 zu Neurönnebeck a. d. Weser, lebt als Lehrer in Labbendorf bei Blumenthal in Hannover. Nr. 18, 19, 20. (Niedersachsens Sagenborn, Hildesheim 1907, Verlag August Lax).

Löns, Hermann, geb. 29. Aug. 1866 zu Kulm in Westpreußen, lebt in Bückeburg. Nr. 21, 22. (Mein braunes Buch, Heidbilder, 5. Auflage, Hannover, Verlag A. Sponholtz 1910.)

Münchhausen, Börries von, geb. 20. März 1874 in Hildesheim, lebt auf Schloß Sahlis bei Kohren in Sachsen. Nr. 23, 24, 25, 26. (Balladen, 2. Auflage, F. A. Lattmanns Verlag, Berlin, Goslar, Leipzig, Ritterliches Liederbuch, Egon Fleischel, Berlin 1907.)

Reichhardt, Rudolf, geb. in Nordhausen, lebt als Pfarrer in Rotta. Nr. 27. (Heimatbuch für Nordhausen und die Grafschaft Hohenstein, herausgegeben von Heinrich Heine, Nordhausen, G. Wimmers Buchhandlung.)

Sach, August, geb. 28. Januar 1837 in Kesdorf, lebt als Gymnasialprofessor a. D. in Lübeck. Nr. 28, 29. (Die Deutsche Heimat, 2. Auflage, Halle a. S. 1902, Verlag der Buchhandlung des Waisenhauses.)

Schönhagen, Elfriede, lebt in Fürstenwerder bei Schönbaum in Westpreußen. Nr. 30. (Der Schütting, ein heimatliches Kalenderbuch, herausgegeben vom Schütting-Bunde, Verlag von Adolf Sponholtz, Hannover.)

Schulze, Georg, weiland Pastor zu Altenau und zu Scharzfeld im Harz. Nr. 31. (Ewerharzische Zitter: Oberharzische Gedichte, Clausthal 1885, Grosse'sche Buchhandlung.)

Sohnrey, Heinrich, geb. 1859 in Jühnde bei Göttingen, lebt als Professor in Berlin. Nr. 32, 33. (Friedesinchens Lebenslauf, 28. Auflage, Dresden 1909, Verlag Wilh. Baensch.)

Strauß und Torney, Lulu von, geb. am 20. Sept. 1873 in Bückeburg, wohnt dortselbst. Nr. 34, 35, 36. (Neue Balladen und Lieder, Egon Fleischel u. Co., Berlin 1907.)

Tecklenburg, August, geb. 24. Okt. 1863 zu Uslar im Solling, lebt als Rektor in Göttingen. Nr. 37, 38. (Geschichte der Provinz Hannover, Verlag von Karl Meyer, Hannover, Berlin 1906.)

Westkirch, Luise, geb. 8. Juli 1853 in Amsterdam, lebt in Hannover. Nr. 39. (Schüttingkalender für 1910.)

Verschiedenes. Die drei letzten Nummern, sowie die Fassung des Volksliedes vom schwarzen Herzog (Nr. 17) sind vom Bearbeiter des vorliegenden Anhangs.

# Inhalt.

Gedichte sind mit * bezeichnet.

---

Hierher gehören noch folgende Stücke in der Neubearbeitung von Hessels Lesebuch (1910).

Die Zahlen bezeichnen die Seitenzahlen der einzelnen Bände.

**2. Teil.**



**3. Teil.**



**4. Teil.**



---



**5. Teil.**

## 6. Teil.



## 7. Teil.



## 8. Teil.



Druck von Julius Beltz, Hofbuchdrucker, Langensalza.